Manfred Grosser / Carlo Knauss

ENERGY GOLF TRAINING

Manfred Grosser / Carlo Knauss

ENERGY GOLF TRAINING

Top-Programme für Schwunggefühl, Beweglichkeit, Kraft und Ausdauer

Unter Mitarbeit von Adrian Grosser,
Rainer Griebl und Helmut Müller

BLV

Die Deutsche Bibliothek – CIP-Einheitsaufnahme

Energy-Golf-Training
Top-Programme für Schwunggefühl,
Beweglichkeit, Kraft und Ausdauer /
Manfred Grosser ; Carlo Knauss.
[Fotos: Rainer Griebl und Manfred Grosser]. –
1. Aufl. – München ; Wien ; Zürich : BLV, 1995
ISBN 3-405-14730-1
NE: Grosser, Manfred; Griebl, Rainer

Bildnachweis

Fotos: Rainer Griebl und Manfred Grosser

Umschlagfoto: Thomas Exler
Umschlaggestaltung: Network, München

Mitgestaltung der Muskelbilder: Manfred Dingerkus, Jens Dinser, Sabine Gistl, Reinhold Müller, Anne Schatzmann

Layout: Manfred Sinicki

BLV Verlagsgesellschaft mbH
München Wien Zürich
80797 München

Satz: Typodata GmbH, München
Druck und Bindung: Freiburger Graphische Betriebe

Gedruckt auf chlorfrei gebleichtem Papier

Printed in Germany · ISBN 3-405-14730-1

Dr. Manfred Grosser

Jahrgang 1938. Ehemaliger Leistungssportler (100 m in 10,5 Sekunden) und Spitzentrainer. Professor für Trainingswissenschaft und Bewegungslehre an der Technischen Universität München. Veröffentlichte bislang 20 Bücher zur Sportwissenschaft und Trainigspraxis. Aktiver Golfer.

Carlo Knauss

Jahrgang 1960. Ehemaliger Golfprofessional und Nationalspieler. Seit 1989 Nationaltrainer des Deutschen Golf Verbandes. Veröffentlichte zahlreiche Beiträge in Fachzeitschriften; bekannt auch als Fernseh-Fachjournalist.

INHALT

WISSENSWERTES ZUR EINFÜHRUNG

Warum Energy-Training für Golfspieler?

Das vorliegende Buch ist weltweit das erste seiner Art. Denn: Es bietet auf der Basis trainingswissenschaftlicher Erkenntnisse in leichtverständlicher Form, quasi »rezeptbuchartig«, die gesamte Palette des körperlichen (physischen) Trainings für Golfspieler aller Leistungsklassen – vom Anfänger bis zum Spitzenspieler. Dieses körperliche Training steigert die im Menschen angelegte physische Energie, die gleichsam als notwendige Grundlage für gelungene Golfschwünge anzusehen ist. Wir sprechen deshalb bei körperlichem Training auch von **Energy-Training,** und mit diesem Training werden die sog. **konditionellen** und **koordinativen Fähigkeiten** (darunter versteht man Flexibilität, Kraft, Ausdauer, Gleichgewicht, Bewegungs- und Schwunggefühl, Timing u. a.) des Golfspielers entscheidend verbessert.
Im einzelnen heißt das, daß gelungene Golfschwünge aus einem hochgradigen Zusammenspiel der an den Schwungbewegungen beteiligten Muskeln bzw. Muskelgruppen (= intermuskuläre Koordination – Steuerung geht vom Gehirn aus) resultieren. Es ist erwiesen, daß diese Muskeln nicht nur optimal vom Gehirn aus gesteuert werden, sondern auch über ein **spezifisches Kraftniveau** verfügen sollten (Kraft bedeutet: günstige Geschwindigkeitsentwicklung und lokale Muskelausdauerfähigkeit sowie Prophylaxe von Verletzungen bzw. Schonung von Bändern, Sehnen und Gelenken). Die für Golfspieler notwendige Kraft hat jedoch mit der Kraft von Bodybuildern, Gewichthebern u. ä. nichts zu tun!
Um die Muskeln und ihre Kraft optimal wirken lassen zu können, sind die für die spezifischen Golfbewegungen notwendigen Schwingungsweiten (= **Flexibilität**) in den Gelenkbereichen der Hüfte, Wirbelsäule (Lenden-, Brust- und Halswirbelsäule) und der Schulter erforderlich.
Nun kann man Kraft und Flexibilität nur in stabilen Situationen voll wirken lassen; das bedeutet für Golfspieler, daß ein gutausgebildetes **Gleichgewichtsempfinden** gegeben sein muß. Das Gleichgewicht selbst wird durch den Vestibularapparat im Innenohr bewirkt, und zwar im funktionellen Zusammenhang mit den Muskel- und Sehnenrezeptoren (= Fühler für Bewegungsempfindungen – Timing!) der für Golfspieler wichtigen Fuß-, Bein- und Hüftmuskeln (somit schließt sich der Kreis wieder hin zu einer gutausgebildeten Muskulatur!).
Um letztlich sowohl im Training als auch in Turnieren physisch und psychisch (Konzentration!) möglichst keine oder nur geringe Ermüdungserscheinungen eingehen zu müssen, ist eine richtig ausgebildete **Grundlagen-Ausdauer** erforderlich.
Eng mit den konditionellen und koordinativen Fähigkeiten verbunden sind auch die sog. **psychischen,** wie z. B. Konzentration, Selbstvertrauen, Motivation, Wille u. a. D. h., trainiert der Golfspieler im physisch-energetischen Bereich, so wird indirekt auch der psychische mit angesprochen und verbes-

sert, denn der Mensch ist in seiner Tätigkeit stets eine **Ganzheit.** Jede Art von Training (Konditions-, Technik- oder Taktiktraining) und Üben beansprucht also immer den ganzen Sportler, und letztlich führt auch nur eine Gesamtbeanspruchung zu einer optimalen sportlichen Leistung.
Nun könnte man dennoch einwenden, daß Golftraining in erster Linie ein Techniklernen bzw. Techniktraining ist; d.h., die unterschiedlichen Schläge, Schwünge und Putts müssen eben vieltausendfach wiederholt werden, um ein »guter« Golfspieler zu werden. Dem stimmen wir mit der Einschränkung zu, daß allein mit einem Techniktraining das Ganze der Spiel-Leistung, die aus vielen Faktoren besteht (wie wir im nächsten Abschnitt darlegen), nicht erreicht wird.
Mit den Anleitungen unseres Buches geben wir deshalb die ideale Ergänzung zum Nur-Techniktraining – und somit auch zur wirklichen Verbesserung des Ganzen!
Wir wollen mit dem Training der konditionellen und koordinativen Fähigkeiten dem Golfspieler letztlich **die Energy** vermitteln, die er für seine gelungene Gesamt-Leistung benötigt.

Die Einflußfaktoren auf Golfschwünge und Spielleistungen – Das Energy-Anforderungsprofil

Golfschwünge entstehen auf unterschiedlichste Art, und wahrscheinlich ist kein Schwung mit einem anderen identisch. Die Schlagtechnik eines jeden Golfspielers ist von vielen Faktoren abhängig. So wirkt z.B. die Methode des Trainers stark beeinflussend. Viele Trainer besitzen ein umfangreiches Wissen über die Schwungbewegung, aber jeder drückt sich unterschiedlich aus. Dadurch entstehen verschiedene »Bilder«, und da der Spieler versucht, seinen Auftrag mehr oder weniger zu erfüllen, entstehen auch verschiedene Schwünge. Natürlich sind auch nicht alle Trainer einer Meinung, und somit gibt es ganz eigene Schwünge, geprägt von der Überzeugung des jeweiligen Trainers. Modeerscheinungen kennt man selbstverständlich auch. Meistens ist es ein besonders erfolgreicher Spieler, welcher die Methode seines Trainers zum Besten gibt und seine Vorbildfunktion nützt. So weit, so gut – wenn aber Millionen von Spielern versuchen, wie die Nr. 1 der Weltrangliste zu schwingen, werden nur wenige davon profitieren. Gut ausgebildete Trainer können abschätzen, welche Anweisungen der Spieler letztlich erfüllen kann.
Spielleistungen sind nur bedingt von der Schlagtechnik abhängig, und zwar nur so weit, daß die Technik den Zweck erfüllen muß. Der Ball soll dabei ein bestimmtes Maß an Geschwindigkeit erlangen, um die nötige Weite und Richtung zu erreichen. In der höheren Schule des Golfspiels sollten dann auch Variationen möglich sein, Höhe und Drall müssen verändert werden können. Die Fertigkeit mit allen Schlägern und das Beherrschen der verschiedenen Golfschläge vom kurzen Putt bis zum Drive bestimmen natürlich die Spielleistung. Jedoch macht die Schlagtechnik allein noch lange keinen guten Golfspieler.
Im Rahmen seiner Spielstärke, »Schach zu spielen«, also den richtigen Schlag im jeweiligen Moment zu wählen, spart bekanntlich Schläge. Zu aggressiv oder zu defensiv bringt dem Spieler nicht das gewünschte Ergebnis. Taktisch kluges Verhalten auf dem Golfplatz ist nur möglich, wenn der Spieler sich in psychisch guter Verfassung befindet. Die Stimmung muß positiv sein. Vertrauen in

seine Schläge hilft. Mut, bestimmte Dinge genau dann zu tun, wenn es darauf ankommt, gehört auch dazu. Ein **systematisches Training** aller Schlagvarianten – ungeachtet der Spielstärke – ist natürlich Voraussetzung für die Verbesserung der Spielleistung. Wichtig ist dabei jedoch die Zeiteinteilung zwischen langem und kurzem Spiel. Die beliebteste Trainingsform ist nach wie vor der volle Schwung auf der Driving Range – die wichtigere wäre allerdings das kurze Spiel. Die Konstruktion eines Golfplatzes unterteilt das Spiel in 50% lange Schläge und 50% kurze Schläge. Bei Par 72 sind es 36 lange Schläge, um das Grün zu erreichen, und 36 Putts. Nicht gerechnet dabei sind Pitches, Chips und Bunkerschläge zum Grün, die in den Bereich des kurzen Spiels gerechnet werden müssen. Fast kein Spieler, die Weltklasse ausgenommen, schafft im Ergebnis die Relation 50:50. Es werden immer mehr kurze Schläge benötigt. Das bedeutet, daß der Zeitaufwand im Training eindeutig zugunsten des kurzen Spiels eingeteilt werden sollte.

Über jeden einzelnen Punkt dieser Ausführungen sind und werden unzählige Bücher geschrieben. Allein das Material über Schlagtechnik und Methode ist enorm und für viele Golfer nicht zu bewältigen. Erstaunlich ist allerdings, daß die **körperlichen Voraussetzungen** des Golfspielers dabei nicht oder nur selten berücksichtigt werden. In der gesamten einschlägigen Literatur sind kaum brauchbare Ansätze für ein richtiges Konditions- und Koordinationstraining zu finden – und hier haken wir ein!

Mit der Abbildung auf dieser Seite ersehen Sie ein **Modell der Einflußfaktoren** auf Golfschwünge (zum Erlernen, Üben, Verbessern, Trainieren und Realisieren in verschiedenen Situationen) und auf die komplexe Spielleistung. Die rechts im Modell besonders gekennzeichneten Faktoren sind Inhalte unseres Buches, auf ihre Bedeutung wurde im vorherigen Kapitel bereits hingewiesen.

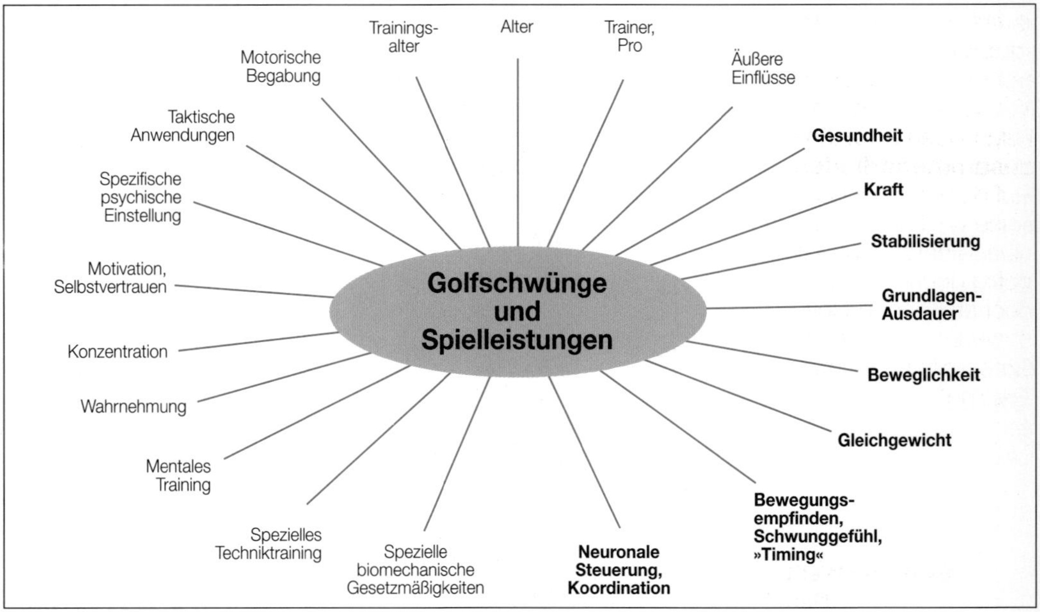

Von der Golfschwung-Analyse zum richtigen Training

Wir haben bisher auf jene Fakten aufmerksam gemacht, die in nahezu allen Golfbüchern nicht berücksichtigt werden, jedoch die Spielleistung im Golf ganz entscheidend verbessern können.
Im folgenden gehen wir nun gezielt auf den Golfschwung ein, und zwar

- im Sinne einer kurzen *Bewegungsbeschreibung*

und

- aus der Sicht einer *funktionell-anatomischen Betrachtung,* um somit dem Leser zu verdeutlichen,
- erstens: welche **Hauptmuskelgruppen** an einem Schwung beteiligt sind und
- zweitens: wie diese Muskelgruppen **koordinativ zusammenarbeiten.**

Auf der Basis dieser Kenntnisse wird die Notwendigkeit eines Energy-Trainings endgültig deutlich. Von der nachstehenden Golfschwung-Analyse gelangen wir somit zum richtigen Training!

Unser Blick auf den Golfschwung gilt nicht den Feinheiten der Professionals bzw. der Spitzenspieler. Die möglicherweise unterschiedlichen Ansichten von Trainern und die zweifellos notwendige Individualität der einzelnen Spieler werden dabei nicht berücksichtigt.

Einer der Weltbesten: Nick Faldo

Phase 1

Von der Ansprechposition bis zum Ende des Rückschwungs

In der **Ansprechposition** ist der Oberkörper etwas nach vorne geneigt, damit die Arme frei herunterhängen können. Die Hüft- und Kniegelenke sind leicht gebeugt, und somit sind die Beine günstig auf die kommende Drehbewegung vorbereitet. Der Körper befindet sich im Gleichgewicht, d. h., das Gewicht ist gleichmäßig auf beide Beine und auf die gesamten Fußsohlen verteilt. Von Beginn des **Rückschwunges** an dreht der Körper zur Seite und verlagert gleichzeitig das Gewicht in Richtung der Drehbewegung. Das jetzt belastete Bein bleibt im Kniegelenk gebeugt, und die Fußgelenke im Sinne der Stabilität möglichst unverändert. Somit erreicht man eine hohe Vorspannung in dieser Seite. Die Arm- und Handgelenke sind beweglich und winkeln als Vorbereitung für den weiteren Verlauf des Schwunges.

Die Ausholbewegung von Carlo Knauss

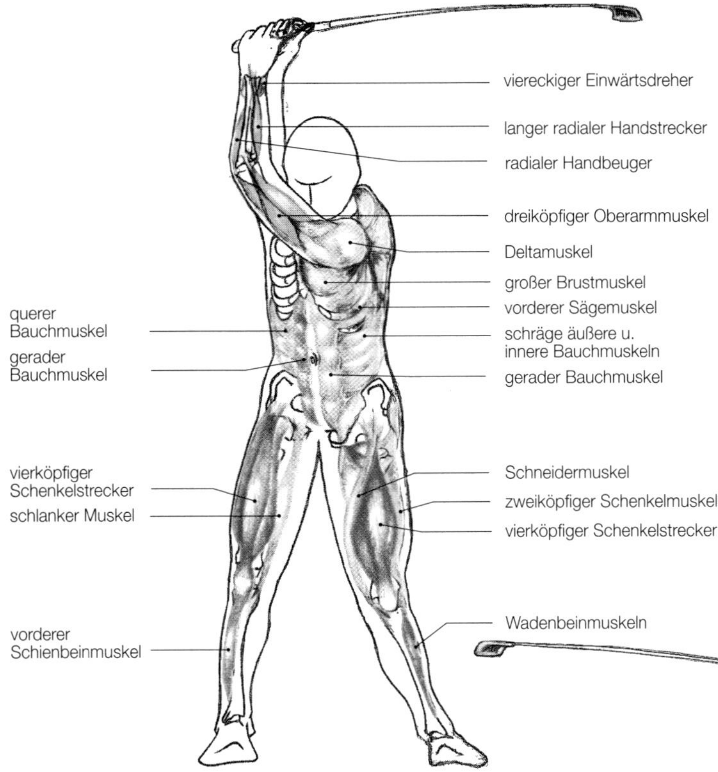

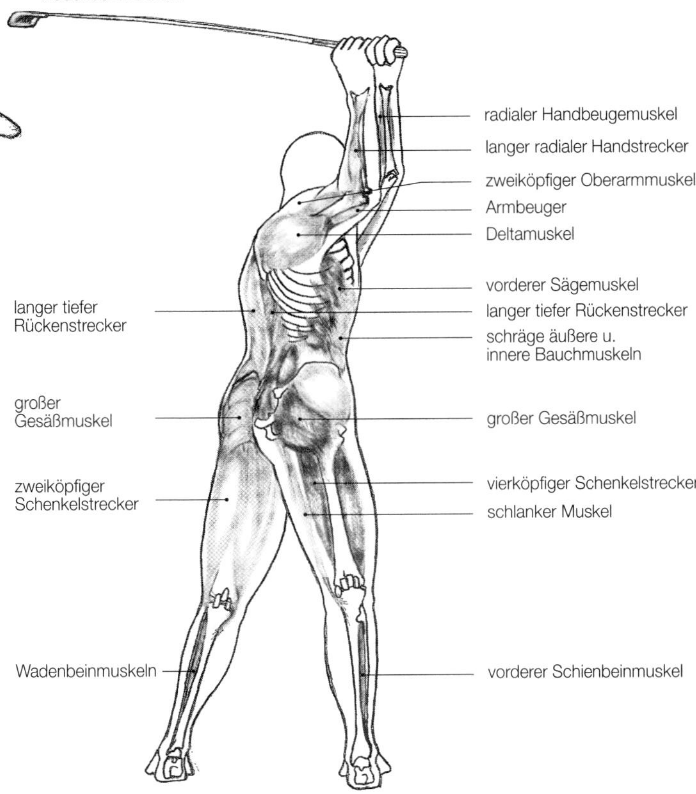

dunkelgrün	=	exzentrisch
hellgrün	=	konzentrisch
grau	=	statisch

Muskulatur linke Seite	Funktion	Arbeitsweise
Wirbelsäule/Hüftgelenk Langer tiefer Rückenstreckmuskel (M. erector trunci)	Streckung, Seitbeugung	konzentrisch
Schräge äußere und innere Bauchmuskeln (Mm. obliqui ext./int. abdominis)	Seitbeugung	konzentrisch
Querer Bauchmuskel (M. transversus abdominis)	Rotation	exzentrisch
Gerader Bauchmuskel (M. rectus abdominis)	Seitbeugung	konzentrisch
Viereckiger Lendenmuskel (M. quadratus lumborum)	Seitbeugung	konzentrisch
Großer Gesäßmuskel (M. glutaeus maximus)	Streckung, Außenrotation, Auswärtswendung	konzentrisch
Lendendarmbeinmuskel (M. iliopsoas)	Beugung, Außenrotation	konzentrisch
Schneidermuskel (M. sartorius)	Beugung, Außenrotation	konzentrisch
Knie-/Sprunggelenke Zweiköpfiger Schenkelmuskel (M. biceps femoris)	Beugung, Außenrotation	konzentrisch
Vierköpfiger Schenkelstrecker (M. quadriceps femoris)	Streckung	exzentrisch
Wadenbeinmuskeln (Mm. peronaei)	Einwärtsdrehung, Beugung sohlenwärts	exzentrisch
Schultergelenk Unterschulterblattmuskel (M. subscapularis) Großer Brustmuskel (M. pectoralis major) Deltamuskel (M. deltoideus pars clav.)	Innenrotation, Heranführung	konzentrisch konzentrisch konzentrisch
Vorderer Sägemuskel (M. serratus anterior) Kapuzenmuskel (M. trapezius pars ascend./descend.)	Verschiebung des Schulterblattes bauchwärts-seitwärts	konzentrisch konzentrisch
Ellenbogen-/Handgelenke Armstrecker (M. triceps brachii)	Streckung	statisch
Viereckiger Einwärtsdreher (M. pronator quadratus)	Einwärtsdrehung	konzentrisch
Radialer Handbeugemuskel (M. flexor carpi radialis)	Radialauswärtswendung	statisch
Langer radialer Handstrecker (M. extensor carpi radialis longus)	Radialauswärtswendung Rückgerichtete Streckung	statisch

Muskulatur rechte Seite	Funktion	Arbeitsweise
Wirbelsäule/Hüftgelenk Langer tiefer Rückenstreckmuskel (M. erector trunci)	Streckung, Seitbeugung	exzentrisch
Schräge äußere und innere Bauchmuskeln (Mm. obliqui ext./int. abdominis)	Seitbeugung, Rotation	exzentrisch
Vorderer Sägemuskel (M. serratus anterior)	Elevation	exzentrisch
Querer Bauchmuskel (M. transversus abdominis)	Rotation	konzentrisch
Gerader Bauchmuskel (M. rectus abdominis)	Seitbeugung	exzentrisch
Viereckiger Lendenmuskel (M. quadratus lumborum)	Seitbeugung	exzentrisch
Mittlere/kleine Gesäßmuskeln (Mm. glutaei med./min.)	Innenrotation, Beugung	konzentrisch
Großer Gesäßmuskel (M. glutaeus maximus)	Streckung, Außenrotation Auswärtswendung	exzentrisch
Gerader Schenkelstrecker (M. rectus femoris)	Beugung	konzentrisch
Schlanker Muskel (M. gracilis)	Heranführung	konzentrisch
Knie-/Sprunggelenke Schlanker Muskel (M. gracilis)	Beugung, Innenrotation	konzentrisch
Vierköpfiger Schenkelstrecker (M. quadriceps femoris)	Streckung	exzentrisch
Vorderer Schienbeinmuskel (M. tibialis anterior)	Rückgerichtete Streckung Auswärtsdrehung	exzentrisch
Schultergelenk Untergrätenmuskel (M. infraspinatus)	Außenrotation	konzentrisch
Obergrätenmuskel (M. supraspinatus)	Auswärtswendung, Außenrotation	konzentrisch
Deltamuskel (M. deltoideus pars acrom.)	Auswärtswendung	konzentrisch
Rautenmuskeln (Mm. rhomboidei) Kapuzenmuskel (M. trapezius pars transv.)	Verschiebung des Schulterblatts zur Körpermitte	konzentrisch konzentrisch
Kapuzenmuskel (M. trapezius pars ascend.)	Verschiebung des Schulterblatts nach unten	konzentrisch
Ellenbogen-/Handgelenke Armbeuger (M. biceps brachii)	Beugung, Auswärtsdrehung	konzentrisch
Armbeuger (M. brachialis)	Beugung	konzentrisch
Langer radialer Handstrecker (M. extensor carpi radialis longus)	Radialauswärtswendung Rückgerichtete Streckung	konzentrisch

Phase 2

Abschwung bis Treffmoment

Von Beginn des **Abschwunges** an dreht der Körper zurück, und das Gewicht verlagert sich in Richtung des Schlages; die Arme und Hände schwingen gleichzeitig zum Ball.
Kurz vor dem **Treffmoment** löst sich die aufgebaute Energie; die Ellenbogen strecken sich dabei, und die Unterarme rotieren in Schlagrichtung (im linken Handgelenk kommt es dabei zu einer sog. Ulnarflexion und Supination, im rechten zu einer sog. Pronation). Der Schlägerkopf erreicht somit seine höchste Geschwindigkeit. Der Körper ist nach wie vor in Bewegung (drehen und in Schlagrichtung verlagern), wobei die Lage des Oberkörpers und die Winkel zwischen Ober- und Unterschenkel mehr oder weniger beibehalten werden.

Die Abschwungbewegung von Carlo Knauss

Wilson

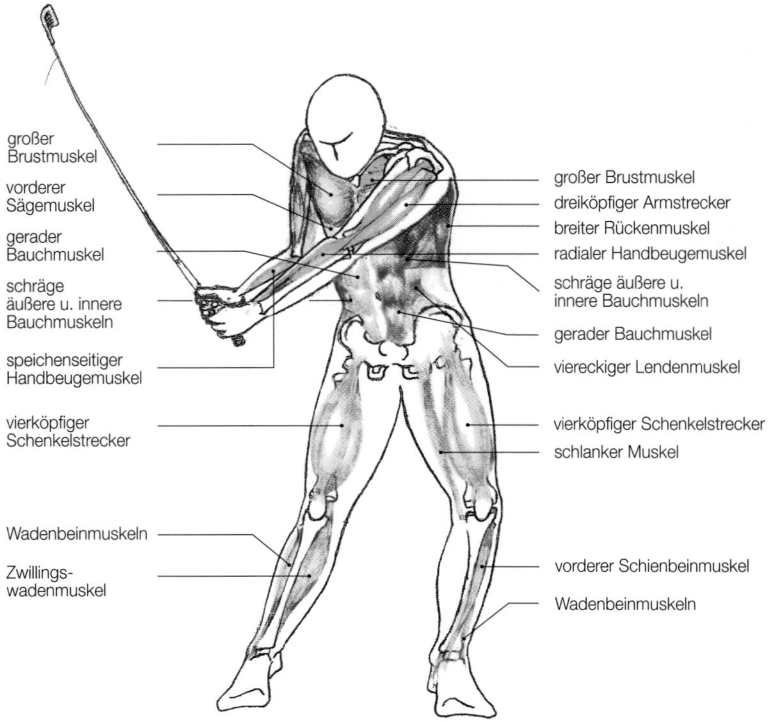
großer Brustmuskel
vorderer Sägemuskel
gerader Bauchmuskel
schräge äußere u. innere Bauchmuskeln
speichenseitiger Handbeugemuskel
vierköpfiger Schenkelstrecker
Wadenbeinmuskeln
Zwillings-wadenmuskel
großer Brustmuskel
dreiköpfiger Armstrecker
breiter Rückenmuskel
radialer Handbeugemuskel
schräge äußere u. innere Bauchmuskeln
gerader Bauchmuskel
viereckiger Lendenmuskel
vierköpfiger Schenkelstrecker
schlanker Muskel
vorderer Schienbeinmuskel
Wadenbeinmuskeln

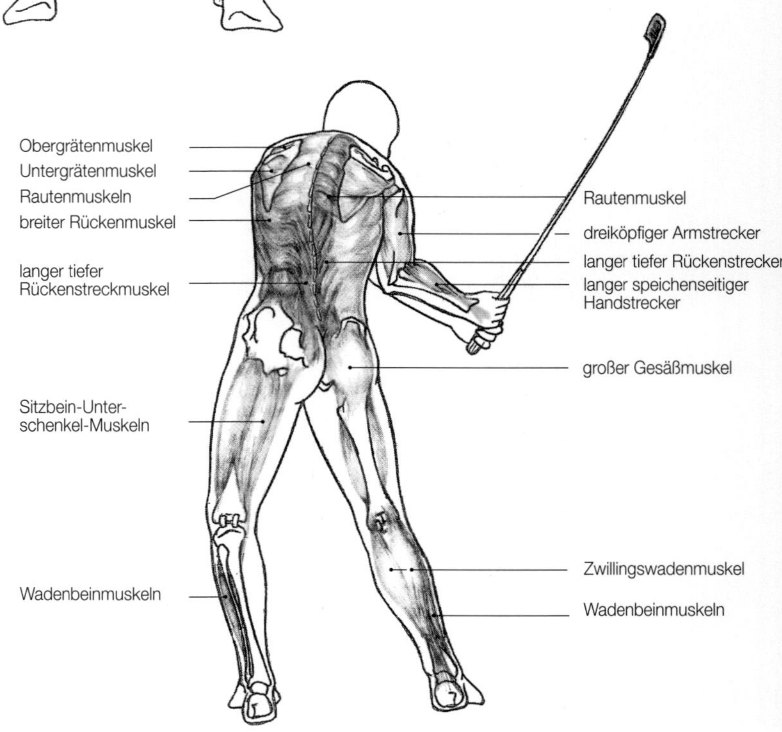
Obergrätenmuskel
Untergrätenmuskel
Rautenmuskeln
breiter Rückenmuskel
langer tiefer Rückenstreckmuskel
Sitzbein-Unter-schenkel-Muskeln
Wadenbeinmuskeln
Rautenmuskel
dreiköpfiger Armstrecker
langer tiefer Rückenstrecker
langer speichenseitiger Handstrecker
großer Gesäßmuskel
Zwillingswadenmuskel
Wadenbeinmuskeln

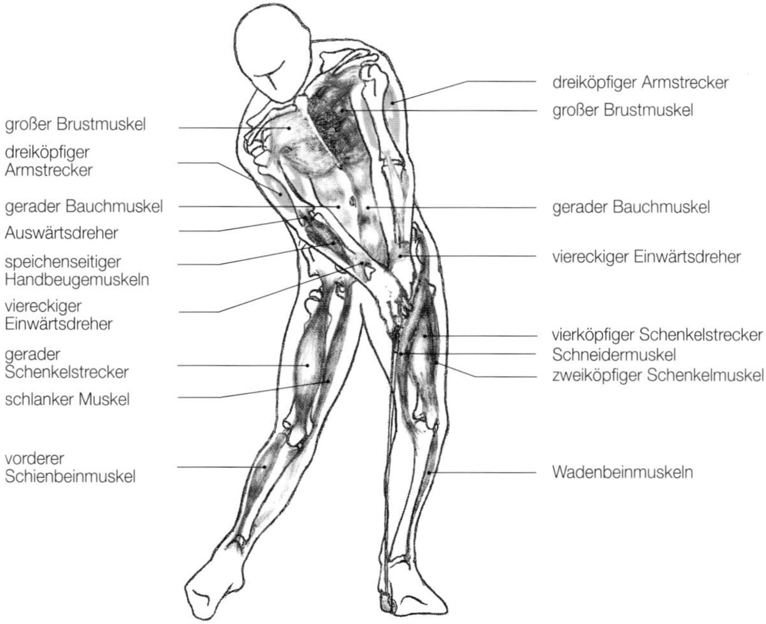
großer Brustmuskel
dreiköpfiger Armstrecker
gerader Bauchmuskel
Auswärtsdreher
speichenseitiger Handbeugemuskeln
viereckiger Einwärtsdreher
gerader Schenkelstrecker
schlanker Muskel
vorderer Schienbeinmuskel
dreiköpfiger Armstrecker
großer Brustmuskel
gerader Bauchmuskel
viereckiger Einwärtsdreher
vierköpfiger Schenkelstrecker
Schneidermuskel
zweiköpfiger Schenkelmuskel
Wadenbeinmuskeln

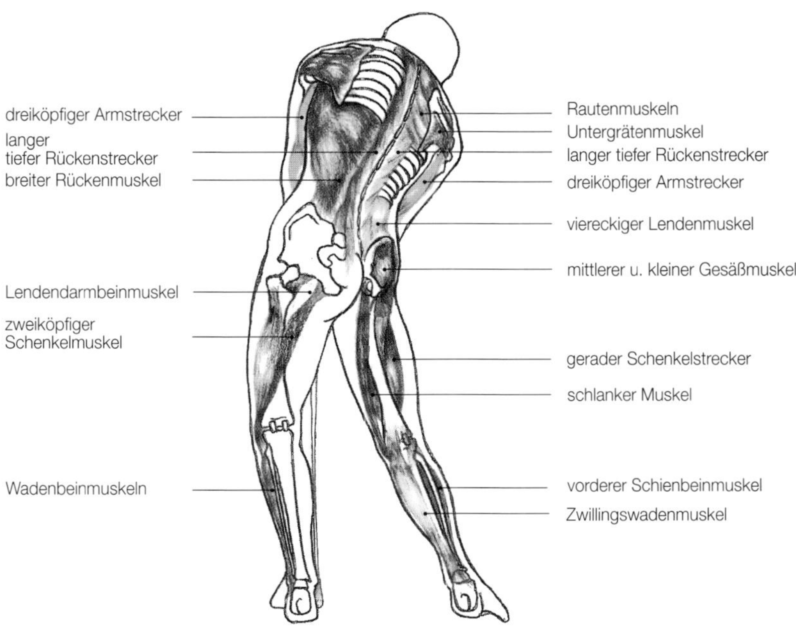
dreiköpfiger Armstrecker
langer tiefer Rückenstrecker
breiter Rückenmuskel
Lendendarmbeinmuskel
zweiköpfiger Schenkelmuskel
Wadenbeinmuskeln
Rautenmuskeln
Untergrätenmuskel
langer tiefer Rückenstrecker
dreiköpfiger Armstrecker
viereckiger Lendenmuskel
mittlerer u. kleiner Gesäßmuskel
gerader Schenkelstrecker
schlanker Muskel
vorderer Schienbeinmuskel
Zwillingswadenmuskel

Muskulatur linke Seite	Funktion	Arbeitsweise
Wirbelsäule/Hüftgelenk Langer tiefer Rückenstreckmuskel (M. erector trunci)	Streckung	exzentrisch
Schräge äußere und innere Bauchmuskeln (Mm. obliqui ext./int. abdominis)	Seitbeugung, Rotation	exzentrisch
Gerader Bauchmuskel (M. rectus abdominis)	Seitbeugung	exzentrisch
Querer Bauchmuskel (M. transversus abdominis)	Rotation	konzentrisch
Viereckiger Lendenmuskel (M. quadratus lumborum)	Seitbeugung	exzentrisch
Schlanker Muskel (M. gracilis)	Heranführung	konzentrisch
Ischiocrurale Muskeln	Streckung, Innenrotation	konzentrisch
Knie-/Sprunggelenke Vierköpfiger Schenkelstrecker (M. quadriceps femoris)	Streckung	konzentrisch
Schlanker Muskel (M. gracilis)	Innenrotation, Beugung	konzentrisch
Wadenbeinmuskeln (Mm. peronaei)	Beugung sohlenwärts Einwärtsdrehung	exzentrisch
Vorderer Schienbeinmuskel (M. tibialis anterior)	Rückgerichtete Streckung Auswärtsdrehung	konzentrisch
Schultergelenk Untergrätenmuskel (M. infraspinatus)	Außenrotation	konzentrisch
Obergrätenmuskel (M. supraspinatus)	Auswärtswendung	konzentrisch
Breiter Rückenmuskel (M. latissimus dorsi)	Heranführung, Innenrotation Rückziehen	exzentrisch
Großer Brustmuskel (M. pectoralis major)	Heranführung, Innenrotation Vorziehen	statisch
Rautenmuskeln (Mm. rhomboidei)	Schulterblattverschiebung	konzentrisch
Ellenbogen-/Handgelenke Armstrecker (M. triceps brachii)	Streckung	statisch/ konzentrisch
Radialer Handbeugemuskel (M. flexor carpi radialis)	Radialauswärtswendung Beugung	statisch/konzentrisch (im Treffmoment exzentrisch)
Ulnarer Handbeugemuskel (M. flexor carpi ulnaris)	Ulnarauswärtswendung	statisch/ konzentrisch

Muskulatur rechte Seite	Funktion	Arbeitsweise
Wirbelsäule/Hüftgelenk Langer tiefer Rückenstreckmuskel (M. erector trunci)	Streckung	exzentrisch
Schräge äußere und innere Bauchmuskeln (Mm. obliqui ext./int. abdominis)	Seitbeugung, Rotation	konzentrisch
Gerader Bauchmuskel (M. rectus abdominis)	Seitbeugung	konzentrisch
Querer Bauchmuskel (M. transversus abdominis)	Rotation	exzentrisch
Großer Gesäßmuskel (M. glutaeus maximus)	Auswärtswendung Außenrotation, Streckung	konzentrisch
Knie-/Sprunggelenke Vierköpfiger Schenkelstrecker (M. quadriceps femoris)	Streckung	konzentrisch
Wadenbeinmuskeln (Mm. peronaei)	Beugung sohlenwärts Einwärtsdrehung	konzentrisch
Schultergelenk Breiter Rückenmuskel (M. latissimus dorsi)	Auswärtswendung Innenrotation, Rückziehen	konzentrisch
Großer Brustmuskel (M. pectoralis major)	Heranführung, Innenrotation	konzentrisch
Unterschulterblattmuskel (M. subscapularis)	Heranführung, Innenrotation	konzentrisch
Vorderer Sägemuskel (M. serratus anterior) Rautenmuskeln (Mm. rhomboidei)	Schulterblattschwenkung (kopfwärts)	konzentrisch exzentrisch
Ellenbogen-/Handgelenke Armstrecker (M. triceps brachii)	Streckung	konzentrisch
Langer radialer Handstrecker (M. extensor carpi radialis longus)	Radialauswärtswendung Rückgerichtete Streckung	statisch/konzentrisch (im Treffmoment exzentrisch)

Phase 3 Durchschwung bis Schwungende

Der Körper dreht weiter aus, wobei sich das Gewicht fortlaufend in Richtung des Schlages verlagert. Gleichzeitig schwingen die Arme und Hände aus. Der Körper richtet sich auf, und die Körperwinkel lösen sich. Das Körpergewicht befindet sich nunmehr fast ganz auf dem in Schlagrichtung befindlichen Fuß.

Durchschwung von Carlo Knauss

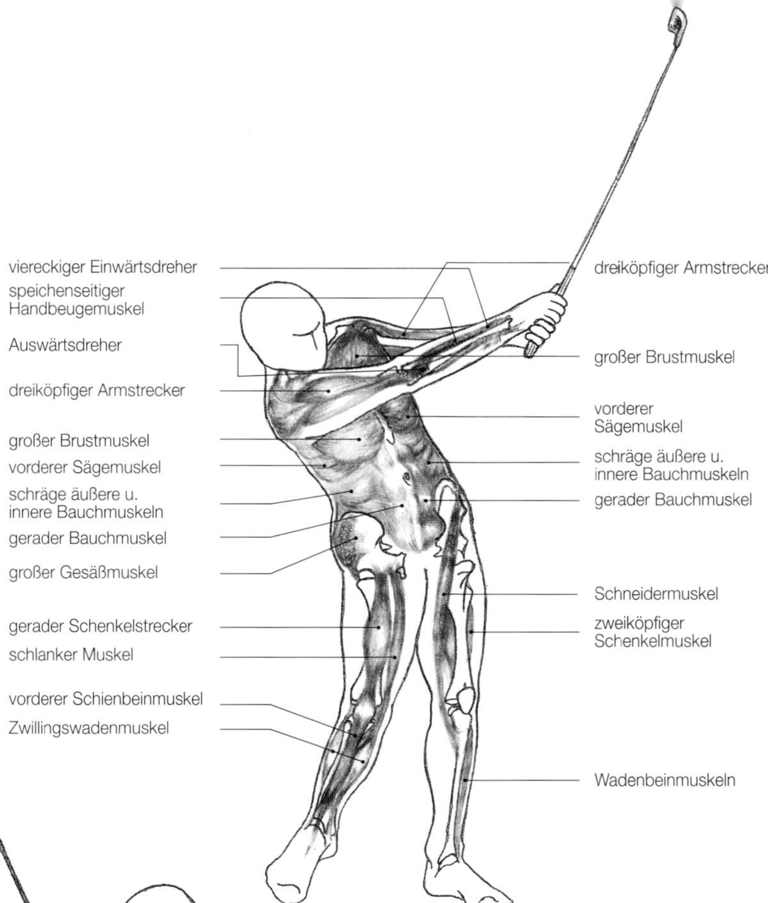
viereckiger Einwärtsdreher
speichenseitiger Handbeugemuskel
Auswärtsdreher
dreiköpfiger Armstrecker
großer Brustmuskel
vorderer Sägemuskel
schräge äußere u. innere Bauchmuskeln
gerader Bauchmuskel
großer Gesäßmuskel
gerader Schenkelstrecker
schlanker Muskel
vorderer Schienbeinmuskel
Zwillingswadenmuskel
dreiköpfiger Armstrecker
großer Brustmuskel
vorderer Sägemuskel
schräge äußere u. innere Bauchmuskeln
gerader Bauchmuskel
Schneidermuskel
zweiköpfiger Schenkelmuskel
Wadenbeinmuskeln

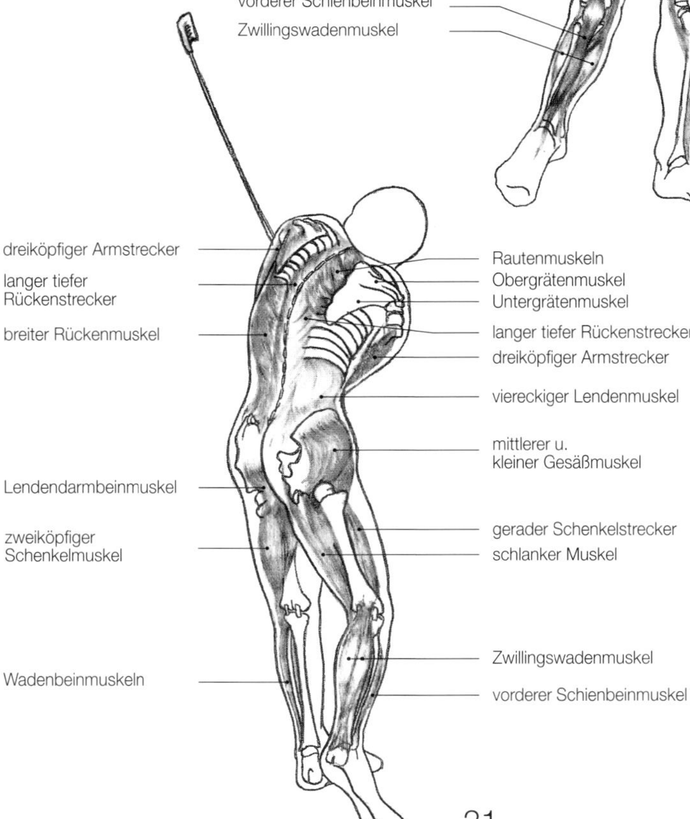
dreiköpfiger Armstrecker
langer tiefer Rückenstrecker
breiter Rückenmuskel
Lendendarmbeinmuskel
zweiköpfiger Schenkelmuskel
Wadenbeinmuskeln
Rautenmuskeln
Obergrätenmuskel
Untergrätenmuskel
langer tiefer Rückenstrecker
dreiköpfiger Armstrecker
viereckiger Lendenmuskel
mittlerer u. kleiner Gesäßmuskel
gerader Schenkelstrecker
schlanker Muskel
Zwillingswadenmuskel
vorderer Schienbeinmuskel

Muskulatur linke Seite	Funktion	Arbeitsweise
Wirbelsäule/Hüftgelenk Langer tiefer Rückenstreckmuskel (M. erector trunci)	Seitbeugung	exzentrisch
Schräge äußere und innere Bauchmuskeln (Mm. obliqui ext./int. abdominis)	Seitbeugung, Rotation	exzentrisch
Querer Bauchmuskel (M. transversus abdominis)	Rotation	konzentrisch
Gerader Bauchmuskel (M. rectus abdominis)	Seitbeugung	exzentrisch
Lendendarmbeinmuskel (M. iliopsoas)	Beugung, Außenrotation	exzentrisch
Schneidermuskel (M. sartorius)	Beugung, Auswärtswendung Außenrotation	exzentrisch
Knie-/Sprunggelenke Zweiköpfiger Schenkelmuskel (M. biceps femoris)	Beugung, Außenrotation	exzentrisch
Wadenbeinmuskeln (Mm. peronaei)	Einwärtsdrehung	exzentrisch
Schultergelenk Unterschulterblattmuskel (M. subscapularis)	Heranführung, Innenrotation	exzentrisch
Großer Brustmuskel (M. pectoralis major)	Heranführung, Innenrotation	exzentrisch
Breiter Rückenmuskel (M. latissimus dorsi)	Heranführung, Innenrotation	exzentrisch
Vorderer Sägemuskel (M. serratus anterior)	Verschiebung des Schulterblattes bauchwärts-seitwärts	exzentrisch
Ellenbogen-/Handgelenke Armstrecker (M. triceps brachii)	Streckung	statisch (gegen Ende exzentrisch)
Auswärtsdreher (M. supinator)	Auswärtsdrehung	konzentrisch
Viereckiger Einwärtsdreher (M. pronator quadratus)	Einwärtsdrehung	exzentrisch
Radialer Handbeugemuskel (M. flexor carpi radialis)	Radialauswärtswendung Beugung	exzentrisch

Muskulatur rechte Seite	Funktion	Arbeitsweise
Wirbelsäule/Hüftgelenk Langer tiefer Rückenstreckmuskel (M. erector trunci)	Streckung, Seitbeugung	konzentrisch
Schräge äußere und innere Bauchmuskeln (Mm. obliqui ext./int. abdominis)	Seitbeugung, Rotation	konzentrisch (exzentrisch)
Querer Bauchmuskel (M. transversus abdominis)	Rotation	exzentrisch
Gerader Bauchmuskel (M. rectus abdominis)	Seitbeugung	konzentrisch
Viereckiger Lendenmuskel (M. quadratus lumborum)	Seitbeugung	konzentrisch
Gerader Schenkelstrecker (M. rectus femoris)	Beugung	exzentrisch
Schlanker Muskel (M. gracilis)	Heranführung	exzentrisch
Mittlere/kleine Gesäßmuskeln (Mm. glutaei med./min.)	Innenrotation, Beugung	exzentrisch
Knie-/Sprunggelenke Schlanker Muskel (M. gracilis)	Beugung, Innenrotation	exzentrisch
Vorderer Schienbeinmuskel (M. tibialis anterior)	Rückgerichtete Streckung Auswärtsdrehung	exzentrisch
Zwillingswadenmuskel (M. gastrocnemius)	Beugung fußsohlenwärts	konzentrisch
Schultergelenk Unterschulterblattmuskel (M. subscapularis)	Heranführung, Innenrotation	konzentrisch
Großer Brustmuskel (M. pectoralis major)	Heranführung, Innenrotation	konzentrisch
Untergrätenmuskel (M. infraspinatus)	Außenrotation	exzentrisch
Vorderer Sägemuskel (M. serratus anterior)	Verschiebung des Schulterblattes bauchwärts-seitwärts	konzentrisch
Rautenmuskeln (Mm. rhomboidei)	Verschiebung des Schulterblattes kopfwärts	exzentrisch
Ellenbogen-/Handgelenke Armstrecker (M. triceps brachii)	Streckung	statisch (gegen Ende exzentrisch)
Viereckiger Einwärtsdreher (M. pronator quadratus)	Einwärtsdrehung	konzentrisch
Auswärtsdreher (M. supinator)	Auswärtsdrehung	exzentrisch
Radialer Handbeugemuskel (M. flexor carpi radialis)	Radialauswärtswendung Rückgerichtete Streckung	exzentrisch

Ashworth

DIE ENERGY-TRAININGSPROGRAMME

Wie wird richtig Energy-Golf trainiert?

Training und Trainingsreize

Zunächst fragen wir: Was heißt **Training** im Sport? Ganz allgemein verstehen wir unter Training alle Maßnahmen zur Leistungssteigerung. Speziell für den Golfspieler bedeutet

> **Energy-Training** das gezielte, systematische Setzen überschwelliger Reize (= Trainingsübungen) mit dem Ziel von positiven Anpassungserscheinungen im aktiven (= Skelettmuskeln, Sehnen und Bänder betreffend) und passiven (= Skelettsystem betreffend) Bewegungsapparat, im Herz-Kreislauf- und Stoffwechselsystem, im hormonellen und Immunsystem und in der Psyche.

Die dabei angewendeten **Trainingsübungen** sind z.B. Kraft- und Dehnungsübungen, Ausdauerbelastungen, Gleichgewichts- und Koordinationsübungen (vgl. die Programme ab Seite 30).

Der Begriff **»überschwellige Reize«** besagt, daß die Trainingsübungen eine bestimmte Belastungsintensität haben müssen, um Anpassungsreaktionen im Menschen auszulösen. Sie dürfen dabei nicht *unterschwellig* (d.h. unter ca. 30% der momentanen Leistungsfähigkeit) sein; damit wären sie wirkungslos. Vielmehr sollten sie entweder *schwach überschwellig,* womit die Erhaltung eines bestimmten Funktionsniveaus gewährleistet wird, oder *stark überschwellig* sein, um eine Auslösung physiologischer Veränderungen für eine optimale Leistungssteigerung zu erzielen. *Zu starke Reize,* d.h. zu anstrengende, schädigen die Funktion. Die in diesem Buch angebotenen Übungen und Programme sind je nach Leistungszustand und jahreszeitlicher Anwendung schwach und stark überschwellig gestaltet.

Erklärungen zu den Energy-Programmen

Das Energy-Training für Golfspieler wird ab Seite 30 in Programmen angeboten, die in den so gegebenen Formen direkt angewendet werden können.

Die Übungen der Kraft- und Koordinations-Programme (Hinweise zur Ausdauer siehe Seite 125ff.) und ihr Anstrengungsgrad orientieren sich an **verschiedenen Alters-** und **(körperlichen) Leistungsstufen** und berücksichtigen jeweils die für Golfbewegungen **wichtigsten Muskelgruppen** (vgl. auch die Muskelbilder der Seiten 11–21) und deren Funktion sowie auch verschiedene andere menschliche »Systeme«.

Die **einzelnen Programme** sind nach einer **jahreszeitlichen Anwendung** konzipiert und werden jeweils wie folgt dargestellt:

- Zunächst geben wir eine kurze *thematische Charakterisierung;*
- anschließend eine *tabellarische Übersicht,* aus der die Gesamtzahl der Übungen, deren zugehörige Muskelbeanspruchung sowie die periodisierte Anwendung

über mehrere Wochen hervorgehen;

- dann folgen pro Seite die *einzelnen Übungen* mit jeweils kurzer Anwendungsbeschreibung, mit wichtigen Praxis-Hinweisen und Bildern.

Außerdem gilt für alle Programme die Berücksichtigung ausgewählter **trainingswissenschaftlicher Prinzipien;** im einzelnen: das Prinzip des *wirksamen Belastungsreizes,* das Prinzip der *progressiven Belastungssteigerung,* das Prinzip der *Variation der Trainingsbelastungen* und das Prinzip der *Periodisierung.* Die praktische Anwendung dieser Prinzipien erklärt sich aus nachfolgenden, in den Programmen steckenden Aspekten.

- **Übungsanzahl:** Die Programme bestehen aus ca. 10–18 Übungen; es sollten hiervon mindestens jeweils 8 trainiert werden.
- **Wiederholungszahlen:** Eine Übung sollte etwa 8–12mal langsam hintereinander durchgeführt werden. Diese Wiederholungszahl stellt gleichsam einen
- **Satz** (auch Serie genannt) dar. Machen Sie zwischen den Sätzen jeweils 2–5 Minuten **Pause** und absolvieren Sie in dieser Zeit die angegebenen Dehnungsübungen. Im Anschluß an die Pause folgt der zweite (und dritte) Satz derselben Übung. Also immer erst eine Übung mit allen angegebenen Sätzen trainieren, dann zur nächsten Übung übergehen. Manche Übungen werden auch nach Zeitangaben (z.B. 15–20 Sekunden) durchgeführt. Solch eine trainierte Zeit ist ebenfalls ein Satz.
- **Intensität:** Sie bezeichnet die Belastung (meist in %) bzw. den Anstrengungsgrad der Übungen. Beginnen Sie als »Einsteiger« mit geringen Intensitäten (ca. 30–40% der momentanen Leistungsfähigkeit; dies kann man durch Testen für die einzelnen Übungen herausfinden); als Fortgeschrittener können Sie auch etwas höhere Intensitäten wählen. Bedenken Sie, daß Ihre Leistungsfähigkeit von Tag zu Tag schwanken kann, und daß man mit fortschreitendem Training immer besser wird.
- **Belastungssteigerung:** Nach den Gesetzmäßigkeiten der biologischen Anpassung sind Belastungssteigerungen notwendig, da sich der menschliche Körper nach etwa 2–4 Wochen an die momentanen Belastungen »gewöhnt« hat und diese folglich keine ausreichend überschwelligen Reize mehr darstellen. Wie aus den Programmen ersichtlich ist, werden die Steigerungen durch Erhöhungen der Wiederholungs- bzw. der Satzzahlen erreicht und allmählich auch durch die Erhöhung der Intensität (Gewichte).
- **Höhe der Gewichte:** Sie ist so zu wählen, daß die im Programm angegebenen Wiederholungszahlen im zuletzt zu trainierenden Satz noch möglich sind. Werden die angegebenen Mindestzahlen (z.B. 8) nicht erreicht, sind die Gewichte zu hoch; umgekehrt zu leicht. Die Gewichte müssen folglich stets dem erreichten Leistungsstand angepaßt werden.
- **Trainingshäufigkeit pro Woche:** Es empfiehlt sich, anfangs 2–3mal pro Woche ein Energy-Training durchzuführen. Nach ca. 6 Wochen im Winter sind auch 3–5mal möglich.

Aufwärmen

Die von einem Training erwartete Leistungssteigerung setzt, wie erwähnt, eine entsprechende Belastung (Reizsetzung) auf den Organismus voraus. Um aber von Beginn an Belastungen tolerieren zu können, muß der Organismus in eine **höhere Leistungsbereitschaft** versetzt werden. Diese bewirkt eine höhere Reaktionsbereitschaft des Zentralnervensystems (= günstig für Koordinationsvermögen), eine höhere Muskeltemperatur (bewirkt eine Abnahme des inneren Reibungswiderstandes der Muskulatur und damit eine bessere Dehnfähigkeit und Kontraktionsgeschwindigkeit der Muskelzellen) und einen intensiveren Stoffwechsel. Letzterer gewährleistet eine bessere Ver- und Entsorgung der Muskulatur mit Sauerstoff, Nährstoffen und Stoffwechselabbauprodukten. Insgesamt werden durch einen günstigen Aufwärmzustand auch die Verletzungsgefährdung eingeschränkt sowie eine bessere psychische Einstellung erreicht. Wir empfehlen ein ca. **15minütiges Aufwärmen** in Form von einfachen Dehnübungen sowie vor einem Techniktraining auch mit entsprechenden Imitationsübungen. In unserem »Täglichen Ergänzungstraining« (S. 98 ff.) sind alle mit »A« bezeichneten Übungen für ein Aufwärm-Programm geeignet.

Aus dem Aufwärm-Programm (vgl. S. 98ff.)

Wer soll welche Programme trainieren?

Wir müssen davon ausgehen, daß ein Energy-Training bei 2–3maliger wöchentlicher Anwendung erst nach ca. 3–5 Monaten zu optimalen Anpassungserscheinungen führt. Folglich ist eine im Winter durchgehende mehrmonatige Trainingsphase notwendig. Wir schlagen deshalb folgende Anwendungsmöglichkeiten der Programme vor:

Im Winter (von November/Dezember bis März/April)

Für sportliche Einsteiger (von 8–80 Jahren)

- Zunächst 8–10 Wochen das Grundprogramm 1 (2–3mal wöchentlich);
- dann anschließend 8–10 Wochen das Grundprogramm 2 (ebenfalls 2–3mal wöchentlich);
- außerdem während der gesamten Winterzeit eines der Grundlagenausdauer-Programme für Ausdauer-Untrainierte (entweder Walking- oder Jogging-Programm; 2mal wöchentlich; Näheres zur Ausdauer siehe Seite 125ff.);
- und – ganz wichtig: täglich das »Tägliche Programm«

Für sportlich Fortgeschrittene

- Zunächst 8–10 Wochen das Grundprogramm 2 (2–3mal wöchentlich);
- dann anschließend 8–10 Wochen das Spezial-Aufbauprogramm (ebenfalls 2–3mal wöchentlich);
- außerdem während der gesamten Winterzeit eines der Grundlagenausdauer-Programme für Ausdauer-Fortgeschrittene (entweder Walking- oder Jogging-Programm; 2mal wöchentlich);
- und – ganz wichtig: täglich das »Tägliche Programm«.

Im Sommer/Herbst (von April bis Oktober während der Turniersaison)

Für alle

- Zum einen das Energy-Erhaltungsprogramm (1–2mal wöchentlich);
- zum anderen das »Tägliche Programm«;
- außerdem eventuell 1mal wöchentlich ein Ausdauer-Programm.

Die Vorbereitungsprogramme – Winter/Frühjahr

Das Grundprogramm 1 für sportliche (8–80jährige) Einsteiger

Charakterisierung
Erfahrungsgemäß haben sportliche Einsteiger – ganz gleich welchen Alters – mehr oder weniger *erkennbare Schwächen* in der Rumpf- (Hüfte, Rumpf, Bauch) und Schulter-Brust-Muskulatur. Diese Schwächen bedeuten eine *reduzierte Funktionsfähigkeit* nahezu des (bei Golfbewegungen aktivierten) ganzen Körpers und gleichzeitig eine Überlastungsgefahr des passiven Bewegungsapparates (Knochen, Gelenke). Eine gezielte Förderung dieser Muskelgruppen erscheint deshalb angebracht; dies gilt sowohl für Kinder ab ca. 8 Jahren, für Jugendliche als auch Erwachsene und Senioren. Mit dem vorliegenden Grundprogramm 1 bieten wir für sportliche Einsteiger eine Möglichkeit, die nicht eine schnelle Kraftzunahme als Zielsetzung hat, sondern die Schaffung einer breiten, muskulär gesteigerten Basis für den gesamten Körper und für eine spätere differenzierte Kraftentwicklung. Das Programm besteht aus 12 sehr einfachen Übungen, die ohne Gerätehilfen zu Hause nahezu überall durchgeführt werden können. Aus der nebenstehenden Tabelle sind übersichtsmäßig die Anwendungsbedingungen ersichtlich, und auf den folgenden Seiten sind alle Übungen jeweils einzeln ausführlich vorgestellt.

Grundprogramm 1 für sportliche Einsteiger (8–80 Jahre)
(Übungen ohne Zusatzlasten)

Nr.	Übung Kraft/Dehnung	Bild	Beanspruchte Muskelgruppen	Trainingswochen (2–3x wöchentlich)							
				1.	2.	3.	4.	5.	6.	7.	8.
1	Situps 90°	G1-1	gerade Bauchmuskeln	Wiederholungen jeweils so oft wie möglich Sätze:							
				1	2	2	2–3	3	3	3–4	3–4
2	Beinhoch-/Beinrückheben	G1-2	Rücken, Gesäß								
3	Knieliegestütz	G1-3	Arme, Schultern								
4	Beinablegen li/re in Rückenlage	G1-4	Hüfte, Bauch								
5	Arm-/Beinheben im Kniestand	G1-5	Schultern, Rücken, Gesäß								
6	Beinhochstrecken in Rückenlage	G1-6	Bauch								
7	Hüftheben im Stützsitz	G1-7	Schultern, Rücken, Hüfte	Wiederholungszahlen (so oft wie möglich) und Sätze gelten für alle Übungen							
8	Ausfallkniebeugen	G1-8	Beine, Gesäß								
9	Drehsitups	G1-9	gerade und seitliche Bauchmuskeln								
10	Beinspreizen aus Seitliegestütz	G1-10	Arme, Schultern, Hüfte								
11	Heben in Ballenstand	G1-11	Unterschenkel								
12	Hüft- und Beinheben aus Rückenlage	G1-12	Schultern, Rücken, Hüfte, Bauch								

Übung 1 Situps

G1-1

In der Rückenlage liegen beide Unterschenkel auf einem Stuhl (Bank o. ä.); zwischen Bauch/Oberschenkel sowie im Kniegelenk ist jeweils ein 90-Grad-Winkel; die Hände sind neben den Ohren: Den Kopf und Schultergürtel anheben; die Ellenbogen nicht nach vorwärts-aufwärts ziehen. Oder wie auf Abb. G1-1. Erleichterung: Arme gestreckt neben dem Körper halten.

Wiederholungen
- So oft wie möglich. Sätze: s. S. 31

Wirkungen
- Gerade Bauchmuskulatur

Übung 2 Beinhoch-/ Beinrückheben

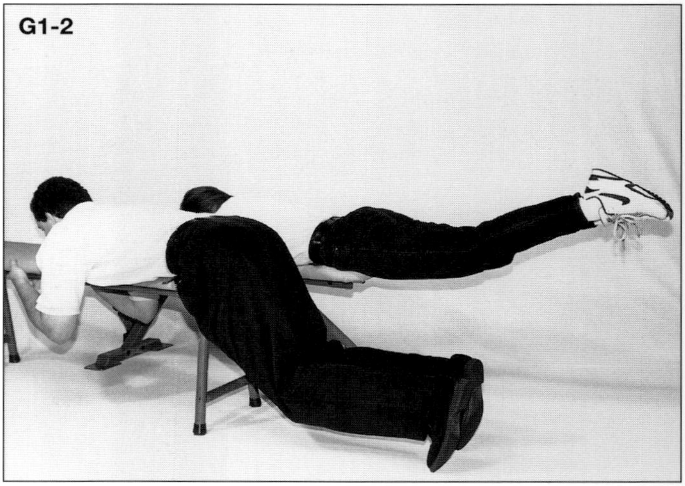

G1-2

Von der Brust bis zur Hüfte bäuchlings auf einer Bank liegen und mit den Händen an der Bank festhalten; die Fußspitzen sind auf dem Boden aufgestellt, die Beine leicht gebeugt: Heben der gebeugten Beine aufwärts-rückwärts (Abb. G1-2).

Wiederholungen
- So oft wie möglich. Sätze s. S. 31

Wirkungen
- Untere Rücken- und Gesäßmuskulatur

Übung 3 Knieliegestütz

Auf den Knien und Händen (mit gestreckten Armen) abstützen: Beugen in den Ellenbogengelenken und dabei den Rücken geradehalten (Abb. G1-3).

Wiederholungen
- So oft wie möglich. Sätze s. S. 31

Wirkungen
- Arm- und Schultergürtelmuskulatur

G1-3

Übung 4 Beinablegen links und rechts

In der Rückenlage sind die Beine geschlossen angestellt, die Hände liegen seitlich gestreckt: Die angestellten Beine nach rechts und links im Wechsel ablegen; Schultergürtel bleibt dabei in Ausgangsposition (Abb. G1-4).

Wiederholungen
- So oft wie möglich, höchstens 15× nach jeder Seite. Sätze: s. S. 31

Wirkungen
- Mobilisierung der Wirbelsäule, Hüft- und schräge/quere Bauchmuskulatur

G1-4

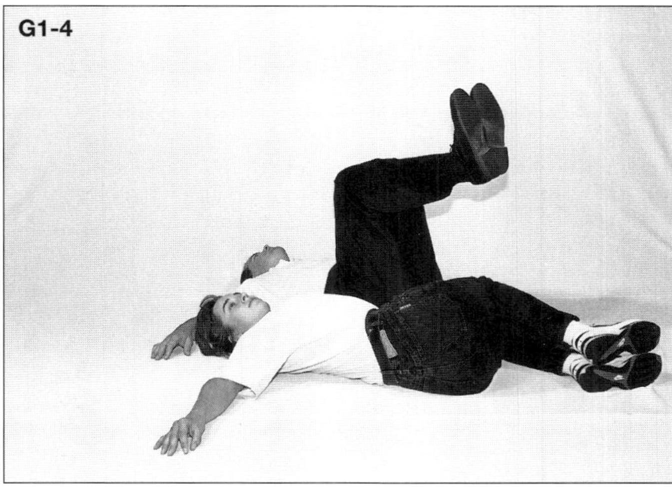

Übung 5 Arm-/Bein-heben im Kniestand

Auf den Knien und Händen (bei gestreckten Armen) abstützen: Einen Arm gestreckt vor-hochheben und das gegengleiche Bein gestreckt rück-hoch (Abb. G1-5).

Wiederholungen

- So oft wie möglich, höchstens 15× jeden Arm und jedes Bein. Sätze: s. S. 31

Wirkungen

- Schultergürtel-, Rücken-, Gesäß- und Oberschenkelmuskulatur, Gleichgewicht

G1-5

Übung 6 Beinhoch-strecken

In der Rückenlage greifen beide Hände über den Kopf an einen Gegenstand oder Partner oder liegen seitlich auf dem Boden; die Beine sind angewinkelt angehoben, die Unterschenkel dabei waagrecht zum Boden: Die Beine senkrecht nach oben heben (das Gesäß hebt sich dabei leicht vom Boden ab) (Abb. G1-6).

Wiederholungen

- So oft wie möglich. Sätze: s. S. 31

Wirkungen

- Bauchmuskulatur

G1-6

Übung 7 Hüftheben im Stützsitz

Im Sitzen werden die Hände hinter dem Gesäß aufgestützt, die Beine sind angewinkelt: Heben von Hüfte/Becken bis zur Waagrechten von Oberschenkel-Hüfte-Bauch-Brust (Abb. G1-7).

<u>Wiederholungen</u>
- So oft wie möglich. Sätze: s. S. 31

<u>Wirkungen</u>
- Schulter-, Rücken- und Hüftmuskulatur

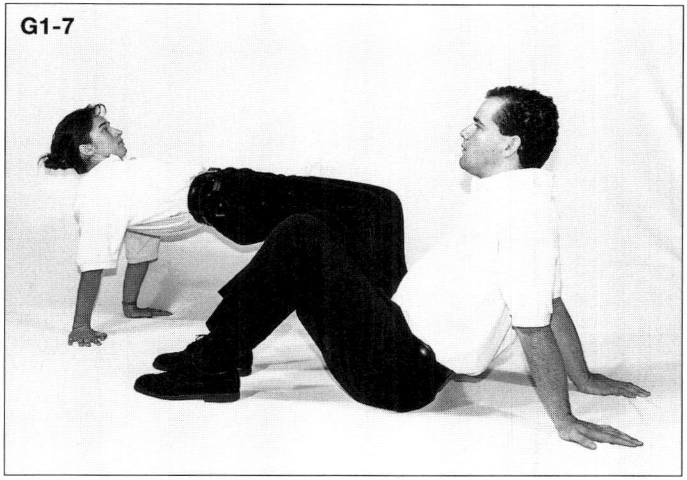

G1-7

Übung 8 Ausfallkniebeugen

Im aufrechten Stand die Hände hinter dem Kopf verschränkt: Weiter Ausfallschritt nach vorne und tiefbeugen, dann zurücktreten und mit anderem Bein das gleiche (Abb. G1-8).

<u>Wiederholungen</u>
- So oft wie möglich, höchstens 20× jedes Bein. Sätze: s. S. 31

<u>Wirkungen</u>
- Beinmuskulatur, Gleichgewicht

G1-8

Übung 9 Drehsitups

In der Rückenlage liegen beide Unterschenkel auf einer Bank (Stuhl o. ä.); zwischen Bauch/Oberschenkel sowie im Kniegelenk ist jeweils ein 90-Grad-Winkel; die Hände sind neben den Ohren: Den Kopf und Schultergürtel abheben und dabei mit der linken Schulter zur rechten Hüfte drehen und umgekehrt. Oder vereinfacht wie auf Abb. G1-9.

Wiederholungen
- So oft wie möglich. Sätze: s. S. 31

Wirkungen
- Gerade, seitliche und quere Bauchmuskulatur

Übung 10 Beinabspreizen aus Seitliegestütz

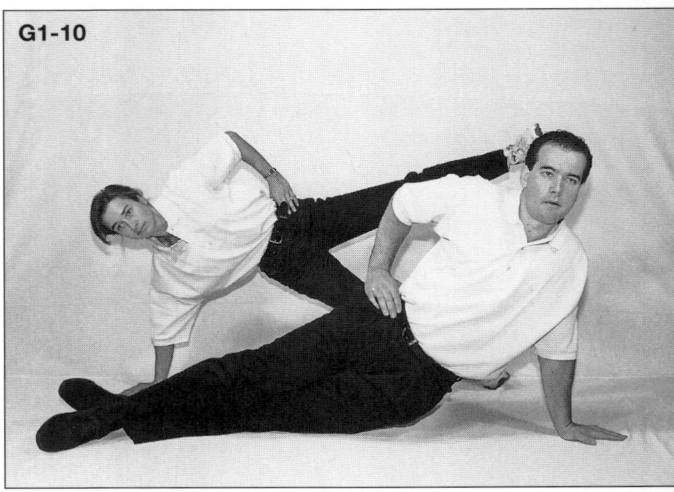

Im Seitliegestütz mit gestreckten Beinen ist eine Hand bei gestrecktem Arm aufgestützt (Erleichterung: Stütz auf dem Unterarm): Aufwärts-Heben des oberen Beines (Abb. G1-10).

Wiederholungen
- So oft wie möglich, höchstens 20× für jedes Bein. Sätze: s. S. 31

Wirkungen
- Arm-, Schulter- und Hüftmuskulatur

Übung 11 Heben in Ballenstand

Im aufrechten Einbeinstand (anderes Bein leicht rückgehoben) an Wand oder Gegenstand stützen bzw. festhalten: Heben des Standbeines in den Ballenstand. Oder vereinfacht wie auf Abb. G1-11.

Wiederholungen
- So oft wie möglich, höchstens 25× pro Bein. Sätze: s. S. 31

Wirkungen
- Fußgelenkstabilisierung, Wadenmuskulatur

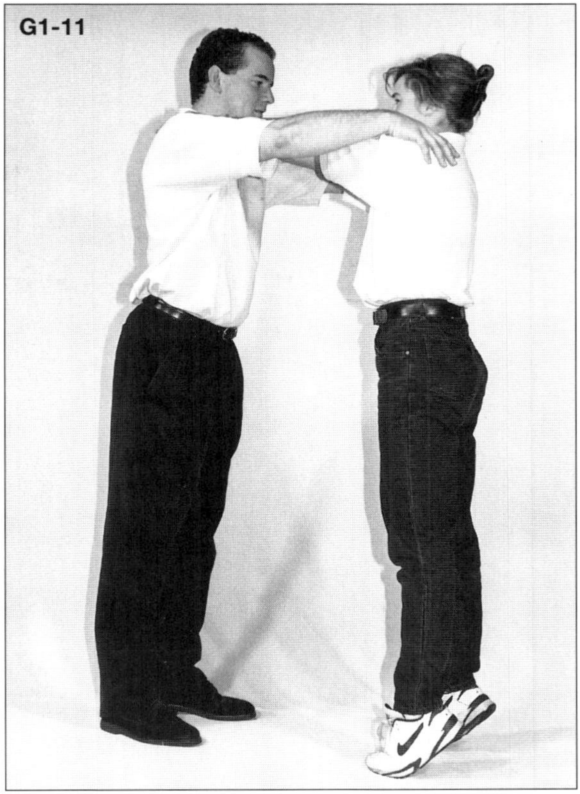
G1-11

Übung 12 Hüft- und Beinheben aus Rückenlage

In der Rückenlage sind beide Beine angestellt, die Hände liegen neben dem Gesäß: Die Zehenspitzen werden in Richtung Schienbeine gezogen und ein Bein gestreckt gleichzeitig mit dem Becken angehoben, so daß sich der Oberkörper und das gestreckte Bein auf einer Linie befinden (Abb. G1-12).

Wiederholungen
- So oft wie möglich, höchstens 15× pro Bein. Sätze: s. S. 31

Wirkungen
- Becken- und Rumpfstabilisierung, Rücken-, Hüft- und Bauchmuskulatur

G1-12

Das Grundprogramm 2 für Jugendliche und Fortgeschrittene

Charakterisierung

Dieses Programm setzt als »Aufbau« entweder die Absolvierungsphase des Grundprogramms 1 oder einen gewissen körperlichen Fitneßzustand voraus. Besonders geeignet ist das Programm für 15–18jährige Jugendliche, da für diese heranwachsenden Sportler dahingehend eine besondere Verantwortung besteht, als durch die zunehmende Androgenausschüttung (= Geschlechts- und Wachstumshormone) einerseits die günstigen Muskelaufbauprozesse genützt werden sollten, andererseits der Gefahr der muskulären Dysbalancen (= Ungleichgewicht zwischen einzelnen Muskelgruppen des Körpers – z. B. zu schwache Rückenmuskeln) entgegengewirkt werden muß.
Neben diesen Zielstellungen haben die Übungen dieses Programms sowohl die Wirkung einer breiten muskulären Basis als auch der einer speziell auf Golfschwungbewegung ausgerichteten. Die 12 Übungen des Programms werden teilweise ohne Gewichte und teilweise mit Hanteln und an Maschinen durchgeführt. Es sollten jeweils alle 12 Übungen trainiert werden, wobei auf eine äußerst korrekte Bewegungsausführung geachtet werden muß, um eventuell skelettbedingte Schäden bei Jugendlichen zu vermeiden.

Grundprogramm 2 für Jugendliche und Fortgeschrittene
(Übungen mit und ohne Zusatzlasten)

Nr.	Übungen Kraft/Dehnung	Bild	Muskeln	Trainingswochen								
					1.	2.	3.	4.	5.	6.	7.	8.
K_1	Ausfallkniebeuge mit Hantel	G2-K_1	Fußsohlenmusk., Wadenmusk., Oberschenkelm., Gesäßmusk.	% W. S.	40 8-12 1	40 8-12 1-2	40 8-12 2	40 8-12 2	40 8-12 3	40-50 8-12 3	50 8-12 3	50-6 8-1 3
D_1	– Dehnen der Oberschenkelvorder- und -rückseite – Dehnen der Wade	G2-D_{1a} G2-D_{1b} G2-D_{1c}		2×10–15 s mit 20 s Pause für alle Dehnübungen								
K_2	Beinseitabspreizen li/re im Stehen an Maschine	G2-K_2	Abduktoren, Hüftmuskeln, Oberschenkelmuskeln		wie K_1							
D_2	Abduktoren-Dehnen	G2-D_2										
K_3	Beinseitanziehen li/re im Stehen an Maschine	G2-K_3	Adduktoren, Hüftmuskeln, Oberschenkelmuskeln		wie K_1							
D_3	Adduktoren-Dehnen	G2-D_3										

Nr.	Übungen Kraft/Dehnung	Bild	Muskeln	Trainingswochen	1.	2.	3.	4.	5.	6.	7.	8.
K_4	Situps (ohne Gewichte)	G2-K_4	gerade Bauchmuskeln	W. S.	6 1-2	6 2	8 2	10 2-3	12 3	12 3	14 3	12-20 3
D_4	Bauchmuskel-Dehnen	G2-D_4		(auch mehr Wiederholungen möglich)								
K_5	Hyperextension mit u. o. Rotation (ohne Gewichte)	G2-K_5	untere Rückenm., Gesäßmusk., (schräge/quere Bauchmuskeln)		wie K_4							
D_5	Dehnen der unteren Rückenmuskeln	G2-D_5										
K_6	Rumpfseitheben (ohne Gewichte)	G2-K_6	Abduktoren, schräge Bauchmuskeln, Rückenmuskel		wie K_4							
D_6	Seitbeugen	G2-D_6										
K_7	Lat-Ziehen an Maschine (horizontal oder vertikal)	G2-K_7	breiter Rücken-muskel		wie K_1							
D_7	Lat-Dehnen	G2-D_7										
K_8	Armüberkreuzziehen am Doppelzug (Stand, ein- und beidbeinig)	G2-K_8, 1/2	breiter Rückenm., Trapezmuskeln, Trizeps, Ulnaradduktor		wie K_1							
D_8	Dehnen der oberen Rückenmuskulatur	G2-D_8										
K_9	Butterfly mit Kurzhanteln	G2-K_9	Brustmuskeln		wie K_1							
D_9	Brustmuskel-Dehnen	G2-D_9										
K_{10}	Armstrecken mit Kurz-hantel	G2-K_{10}	Trizeps		wie K_1							
D_{10}	Trizeps-Dehnen	G2-D_{10}										
K_{11}	Drehsitups (ohne Gewichte)	G2-K_{11}	gerade, schräge und quere Bauchmuskeln		wie K_4							
D_{11}	Rumpfseit-Dehnen	G2-D_{11}										
K_{12}	Nackendrücken mit Hantel	G2-K_{12}	Hals- und Schultermusk.		wie K_1							
D_{12}	Dehnen der Hals- und Schultermuskeln	G2-D_{12}										

Übung K1

Ausfallkniebeuge mit Hantel

Aus dem aufrechten Stand mit Hantel auf den Schultern (Abb. G2-K_1 links): Weiter Ausfallschritt vorwärts und Beugen der Beine mit Betonung auf dem vorderen ausgestellten Bein (Abb. G2-K_1 rechts).

<u>Wirkungen</u>

- Fußsohlen- und Fußgelenkmuskulatur
- Waden-, Oberschenkel- und Gesäßmuskulatur

Trainingswochen	Intensität %	Wiederholungen	Sätze
1.	40	8-12	1
2.	40	8-12	1-2
3.	40	8-12	2
4.	40	8-12	2
5.	40	8-12	3
6.	40-50	8-12	3
7.	50	8-12	3
8.	50-60	8-12	3

1a D

Dehnen der Oberschenkelvorderseite

Im aufrechten Einbeinstand Fassen des zurückgezogenen Beines mit der Gegenhand am Unterschenkel: Rückwärts-aufwärts-Ziehen des gefaßten Beines; aufrecht und gerade stehen bleiben (Abb. G2-D_{1a}).
Alle Dehnübungen 2×10–15 Sek. (leicht stretchen) mit 20 Sek. Pause.

G2-K_1

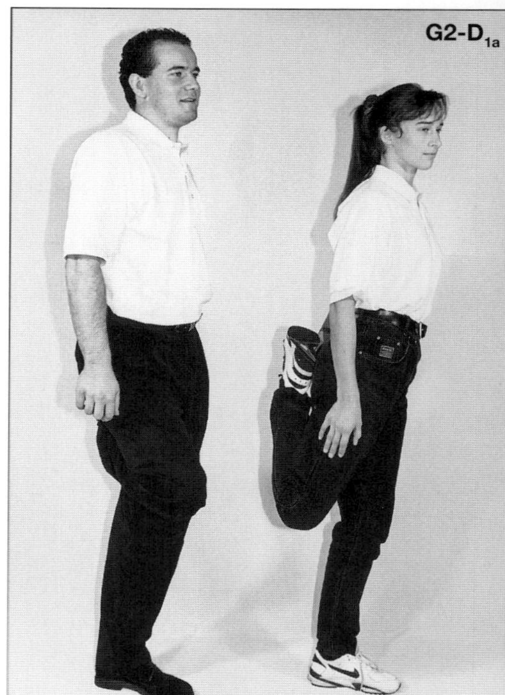
G2-D_{1a}

1b D Dehnen der Oberschenkel-rückseite

Im Kniestand ein Bein vorgestreckt: Vorbeugen über das gestreckte Bein (Abb. G2-D_{1b}). Oder: Im aufrechten Stand ist ein Fuß bei gestrecktem Kniegelenk mit der Ferse auf eine Bank (Stuhl) gestellt. Eine Hand liegt mit dem Handrücken an der Lendenwirbelsäule: Vorbeugen mit geradem Rücken über das vorgestellte Bein .

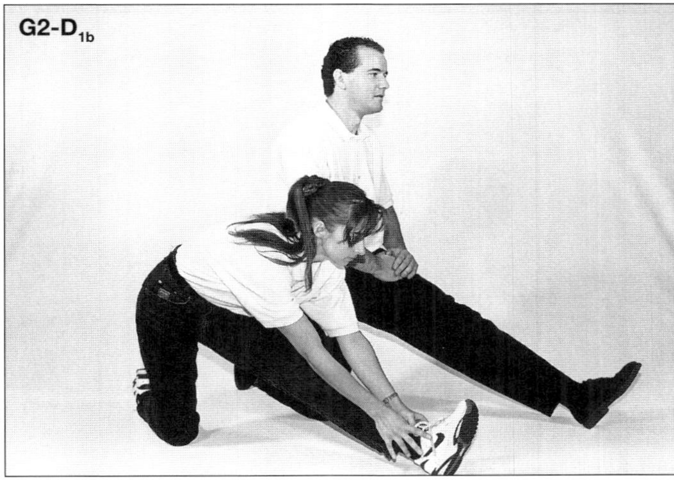

1c D Wadendehnen (M. gastrocnemius)

In Schrittstellung vor einer Wand (Stuhl o. ä.) stehen und beide Hände aufstützen: Den hinteren Fuß mit der Ferse gegen den Boden drücken (Kniegelenk ist gestreckt) (Abb. G2-D_{1c} rechts).

1d D Wadendehnen (M. soleus)

Übung wie D_{1c} jedoch ist das hintere Bein (Abb. G2-D_{1c} links) dabei leicht gebeugt.
Alle Dehnübungen 2×10–15 Sek. (leicht stretchen) mit 20 Sek. Pause.

Übung K2 Beinseitabspreizen

An einer Abduktoren-Maschine aufrecht stehen und beidhändig festhalten: Rechtes und linkes Bein, ohne den aufrechten Stand zu verändern, gegen den Widerstand nach außen wegspreizen (Abb. G2-K_2). Die Betonung liegt auf der Standbeinstabilisierung.

Wirkungen
- Abduktoren (Muskulatur des Beinseitführens)
- Hüft- und Oberschenkelmuskulatur des Standbeines

Trainingswochen	Intensität %	Wiederholungen	Sätze
1.	40	8-12	1
2.	40	8-12	1-2
3.	40	8-12	2
4.	40	8-12	2
5.	40	8-12	3
6.	40-50	8-12	3
7.	50	8-12	3
8.	50-60	8-12	3

2 D Dehnen der Abduktoren

Im Überkreuzschritt seitlich auf eine Bank stützen: Verlagerung des Körpergewichtes in Richtung Bank über das seitlich gestreckte Bein; Oberkörper bleibt aufrecht (Abb. G2-D_2).
2×10–15 Sek. mit 20 Sek. Pause für jedes Bein.

G2-K_2

G2-D_2

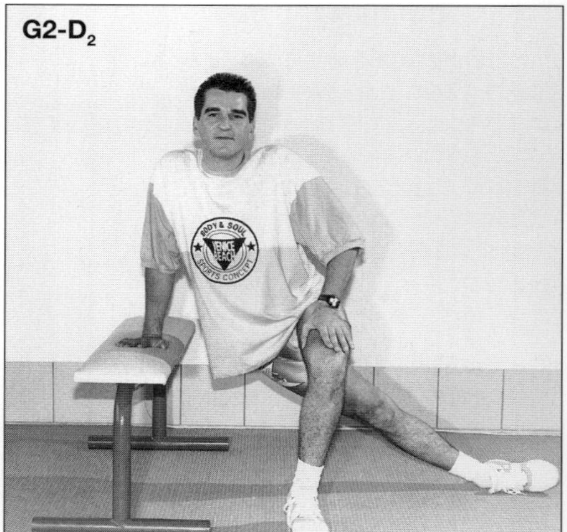

Übung K3

Beinseitanziehen

An einer Adduktoren-Maschine aufrecht stehen und möglichst nicht festhalten: Rechtes und linkes Bein, ohne den aufrechten Stand zu verändern, gegen den Widerstand nach innen anziehen (Abb. G2-K_3). Betonung liegt auf Standbein.

<u>Wirkungen</u>

- Adduktoren (Muskulatur der Oberschenkelanzieher)
- Hüft-, Oberschenkel- und Fußgelenkmuskulatur des Standbeines
- Gleichgewicht

Trainingswochen	Intensität %	Wiederholungen	Sätze
1.	40	8-12	1
2.	40	8-12	1-2
3.	40	8-12	2
4.	40	8-12	2
5.	40	8-12	3
6.	40-50	8-12	3
7.	50	8-12	3
8.	50-60	8-12	3

3 D

Dehnen der Adduktoren

Im weiten Ausfallschritt wird eine Hand auf das vorgestellte gebeugte Bein und eine auf das rückgestellte gestreckte gestützt: Das Körpergewicht über das jeweils vorgestellte gebeugte Bein verlagern; Oberkörper bleibt aufrecht (Abb. G2-D_3).
2×10–15 Sek. mit 20 Sek. Pause für jedes Bein.

G2-K_3

G2-D_3

Übung K4 Situps

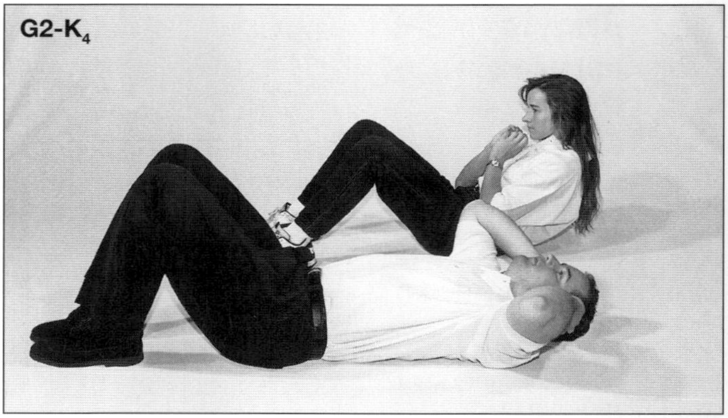

In der Rückenlage liegen beide Unterschenkel auf einem Stuhl (Bank o. ä.); zwischen Bauch/Oberschenkel sowie im Kniegelenk ist jeweils ein 90-Grad-Winkel; die Hände sind neben den Ohren: den Kopf und Schultergürtel anheben; die Ellenbogen nicht nach vorwärts-aufwärts ziehen. Oder Ausführung wie auf Abb. G2-K_4.
Erleichterung: Arme gestreckt neben dem Körper halten.
<u>Wirkungen</u>
– Gerade Bauchmuskulatur

Trainingswochen	Wiederholungen	Sätze
1.	6-10	1-2
2.	6-10	2
3.	8-12	2
4.	10-15	2-3
5.	12-20	3
6.	12-20	3
7.	14-25	3
8.	20-30	3

4 D Dehnen der Bauchmuskulatur

In Schrittstellung neben einem Gerät (Wand o. ä.) stehen, beide Hände greifen seitlich an das Gerät: Vorziehen des Rumpfes über das innere vorgestellte Bein (Abb. G2-D_4).
2×10–15 Sek. mit 20 Sek. Pause.

Übung K5 Hyperextension mit und ohne Rotation

Bäuchlings auf den Oberschenkeln (bis zur Hüfte) auf einer Bank o. ä. liegen; die Unterschenkel sind fixiert; der Oberkörper hängt frei nach unten: Oberkörperheben bis zur Waagrechten, Arme zur Seite oder vor der Brust (Abb. G2-K_5).
Erschwerung: beim Aufrichten den Oberkörper wechselweise nach links und rechts drehen.

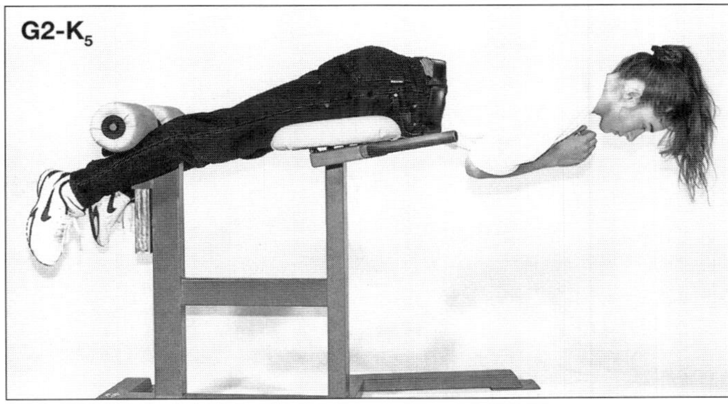
G2-K_5

Wirkungen
- Rückenmuskulatur (insbesondere untere)
- Gesäßmuskulatur
- schräge und quere Bauchmuskulatur

Trainingswochen	Wiederholungen	Sätze
1.	6	1-2
2.	6	2
3.	8	2
4.	10	2-3
5.	12	3
6.	12	3
7.	14	3
8.	12-20	3

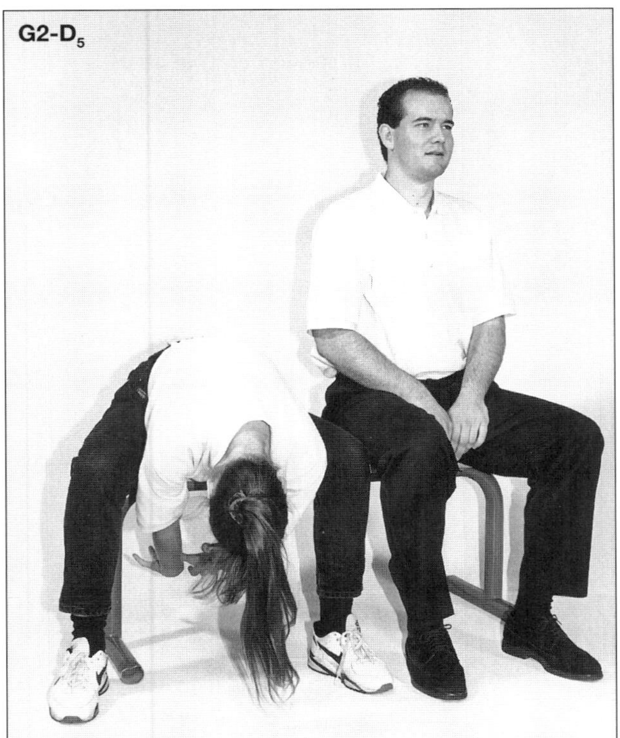
G2-D_5

5 D Dehnen der Rückenmuskulatur

In der Rückenlage ist ein Bein gestreckt, das andere angehockt und von der gegenüberliegenden Hand gefaßt: Das gehockte Bein über das gestreckte zur Seite bis zum Boden ziehen. Oder vereinfacht wie auf Abb. G2-D_5.
2×15 Sek. mit 20 Sek. Pause.

Übung K6 Rumpfseitheben

Seitlings bis zur Hüfte auf einer Bank o. ä. liegen; die Unterschenkel sind fixiert; der Oberkörper hängt seitwärts herab; die Hände sind vor der Brust: Oberkörper seitwärts-aufwärts heben (Abb. G2-K_6).

Wirkungen
- Rückenmuskulatur
- schräge Bauchmuskulatur
- Abduktoren

Trainingswochen	Wiederholungen	Sätze
1.	6	1-2
2.	6	2
3.	8	2
4.	10	2-3
5.	12	3
6.	12	3
7.	14	3
8.	12-20	3

G2-K_6

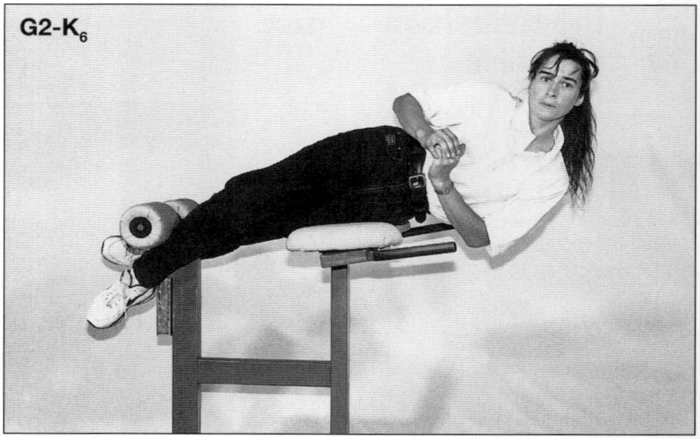

G2-D_6

6 D Seitbeugen

In der leichten Grätschstellung ein Arm in Hochhalte, den anderen seitlich hängen lassen: Seitbeugen über den herabhängenden Arm (Abb. G2-D_6).
2×15 Sek. mit 20 Sek. Pause.

Übung K7 Lat-Ziehen an Maschine

Aufrecht vor einer Latmaschine sitzen, die Füße sind aufgestützt, und die Hände fassen mit gestreckten Armen die Zuggriffe (Abb. G2-$K_{7,1}$): Anziehen der Arme bei unverändert aufrechtem Sitz (Abb. G2-$K_{7,2}$). Variation: Zug von oben.

<u>Wirkungen</u>

- breiter Rückenmuskel
- Rumpfstabilisation

Trainingswochen	Intensität %	Wiederholungen	Sätze
1.	40	8-12	1
2.	40	8-12	1-2
3.	40	8-12	2
4.	40	8-12	2
5.	40	8-12	3
6.	40-50	8-12	3
7.	50	8-12	3
8.	50-60	8-12	3

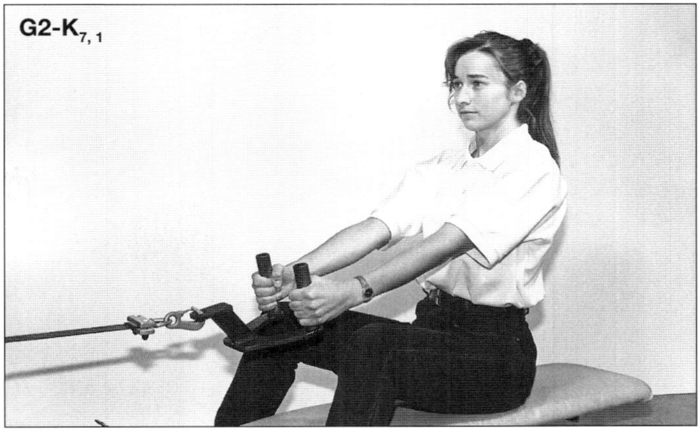

G2-$K_{7,1}$

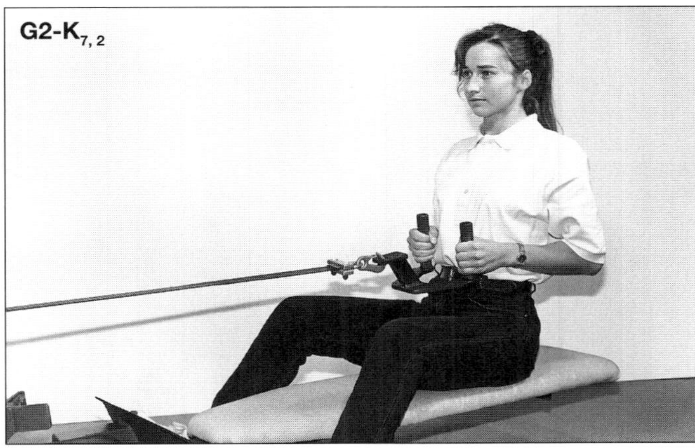

G2-$K_{7,2}$

7 D Dehnen des Latissimus

Im Stand ein Arm vorgestreckt, den anderen mit dem Unterarm von außen anlegen (Abb. G2-D_7 rechts): Den gestreckten Arm zur Seite ziehen (Abb. G2-D_7 links).
2×15 Sek. mit 20 Sek. Pause.

G2-D_7

Übung K8

Armüberkreuz-ziehen am Doppelzug

Ein- oder beidbeinig mit überkreuzten Armen vor einem Doppelzuggerät stehen; die Hände fassen überkreuz die Griffe der von unten (Abb. G2-$K_{8,\,1a}$) oder von oben (Abb. G2-$K_{8,\,2a}$) herauslaufenden Seile: Überkreuz die Arme hoch-rück- (Abb. G2-$K_{8,\,1b}$) oder tief-rück-ziehen (Abb. G2-$K_{8,\,2b}$). Erschwerung: Einbein-Stand.

Wirkungen
- breiter Rückenmuskel
- Trapezmuskulatur
- Rumpfstabilisierung
- Beinstabilisierung

Trainingswochen	Intensität %	Wiederholungen	Sätze
1.	40	8-12	1
2.	40	8-12	1-2
3.	40	8-12	2
4.	40	8-12	2
5.	40	8-12	3
6.	40-50	8-12	3
7.	50	8-12	3
8.	50-60	8-12	3

G2-$K_{8,\,1a}$

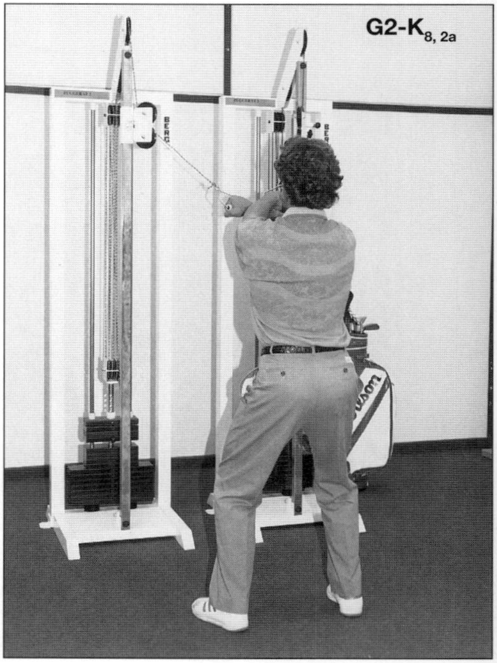

G2-$K_{8,\,2a}$

G2-$K_{8, 1b}$

Dehnen der oberen Rückenmuskulatur

Im Stand die rechte Hand auf das linke Schulterblatt legen und die linke auf den rechten Ellenbogen (u.u.): Beugen nach links (u.u.) (Abb. G2-D_8).
2×15 Sek. mit 20 Sek. Pause.

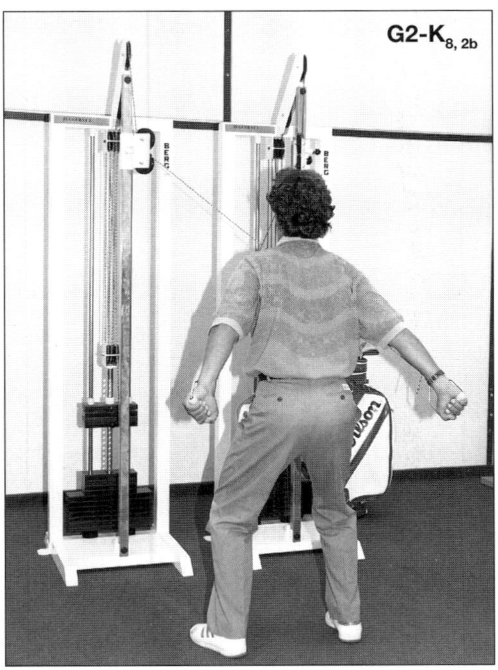

G2-$K_{8, 2b}$

G2-D_8

Übung K9 Butterfly mit Kurzhanteln

Auf einer Bank mit angezogenen Beinen liegen und in den Händen bei gewinkelten Armen je eine Kurzhantel halten (Abb. G2-K_9 rechts): Die Arme vor-hochziehen (Abb. G2-K_9 links).

Wirkungen

- Brustmuskulatur

Trainingswochen	Intensität %	Wiederholungen	Sätze
1.	40	8-12	1
2.	40	8-12	1-2
3.	40	8-12	2
4.	40	8-12	2
5.	40	8-12	3
6.	40-50	8-12	3
7.	50	8-12	3
8.	50-60	8-12	3

G2-K_9

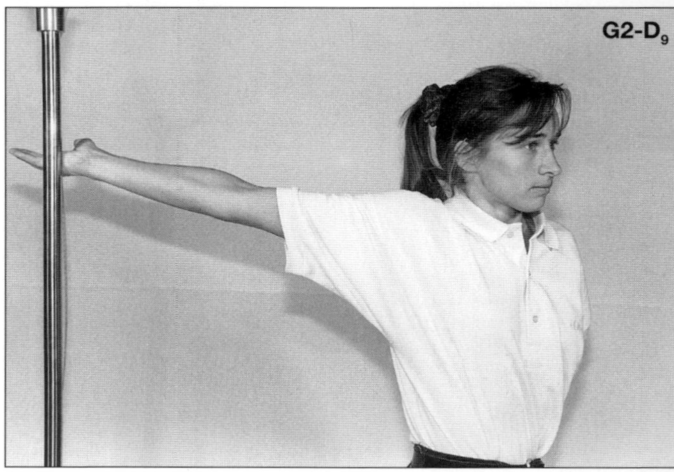

G2-D_9

9 D Dehnen der Brustmuskulatur

In Schrittstellung seitlich neben einer Wand (oder Gerät o. ä.) stehen und einen Handrücken auf die Lendenwirbelsäule legen, den anderen Arm in Richtung Wand strecken, wobei die Hand mit nach oben gerichteter Handfläche an die Wand gedrückt wird: Die Brust bzw. das Körpergewicht nach vorne verlagern (Abb. G2-D_9).
2×15 Sek. mit 20 Sek. Pause.

Übung K10 Armstrecken mit Kurzhantel

Im aufrechten Sitz greift eine Hand auf die gegenüberliegende Seite; der andere Arm ist in Hochhalte und im Ellenbogen gewinkelt, in der Hand eine Kurzhantel (Abb. G2-K_{10} links): Strecken im Ellenbogengelenk, aufrechte Sitzhaltung beibehalten (Abb. G2-K_{10} rechts).

Wirkungen
- Trizeps
- Rumpfstabilisierung

Trainingswochen	Intensität %	Wiederholungen	Sätze
1.	40	8-12	1
2.	40	8-12	1-2
3.	40	8-12	2
4.	40	8-12	2
5.	40	8-12	3
6.	40-50	8-12	3
7.	50	8-12	3
8.	50-60	8-12	3

G2-K_{10}

10 D Trizepsdehnen

Im Stand die rechte Hand auf das linke Schulterblatt legen und die linke Hand auf den rechten Ellenbogen (u.u.): Mit linker Hand nach links ziehen (u.u.) (Abb. G2-D_{10}).
2×15 Sek. mit 20 Sek. Pause.

G2-D_{10}

Übung K11

Drehsitups

In der Rückenlage liegen beide Unterschenkel auf einer Bank (Stuhl o. ä.); zwischen Bauch/Oberschenkel sowie im Kniegelenk ist jeweils ein 90-Grad-Winkel; die Hände sind neben den Ohren: Den Kopf und Schultergürtel abheben und dabei mit der linken Schulter zur rechten Hüfte drehen und umgekehrt. Oder Ausführung wie auf Abb. G2-K_{11}.

<u>Wirkungen</u>

- Gerade, seitliche und quere Bauchmuskulatur

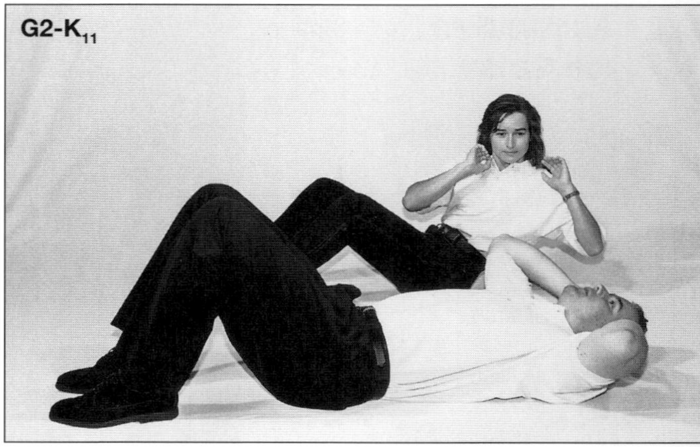

G2-K_{11}

Trainingswochen	Wiederholungen	Sätze
1.	6	1-2
2.	6	2
3.	8	2
4.	10	2-3
5.	12	3
6.	12	3
7.	14	3
8.	12-20	3

G2-D_{11}

11 D

Rumpfseitdehnen

In Schrittstellung seitlich neben einem Gerät stehen (inneres Bein ist vorgestellt); beide Hände greifen an den festen Gegenstand: Den Oberkörper nach vorne ziehen (somit Dehnung an Außenkante; Abb. G2-D_{11}).
2×15 Sek. mit 20 Sek. Pause.

Übung K12 Nackendrücken mit Hantel

Aufrecht und gegrätscht auf einer Bank mit einer Langhantel auf den Schultern aufliegend sitzen (Abb. G2-K_{12} vorne): Strecken der Arme in die Hochhalte (Abb. G2-K_{12} hinten).

<u>Wirkungen</u>

- Hals- und Schultermuskulatur
- Rumpfstabilisierung

G2-D_{12}

G2-K_{12}

Trainingswochen	Intensität %	Wiederholungen	Sätze
1.	40	8-12	1
2.	40	8-12	1-2
3.	40	8-12	2
4.	40	8-12	2
5.	40	8-12	3
6.	40-50	8-12	3
7.	50	8-12	3
8.	50-60	8-12	3

12 D Dehnen der Hals-, Schultermuskulatur

Im hüftbreiten Stand die rechte Hand über den Kopf auf das linke Ohr legen (und umgekehrt) (Abb. G2-D_{12} rechts): Langsam den Kopf nach rechts ziehen (Abb. G2-D_{12} links) und umgekehrt. 2×15 Sek. mit 20 Sek. Pause.

Das Spezial-Aufbauprogramm

Charakterisierung

Das Spezial-Aufbauprogramm ist die Fortsetzung des Basistrainings (Grundprogramm 1 und/oder 2) und baut in den Anforderungen folglich auf diesem auf. Jetzt werden vorwiegend die Muskelgruppen berücksichtigt, die für die Golfschwungbewegung energetisch und koordinativ die Hauptarbeit leisten.

Die Einzel- und Gesamtbelastungen der Übungen sind folglich gesteigert und führen bei entsprechend konsequenter Ausführung nach 8–10 Wochen bei 2–3maliger Anwendung pro Woche zu einem für Golfspieler adäquat erhöhten Muskelquerschnitt, zu einem verbesserten Stoffwechsel, einer verbesserten Kontraktionsgeschwindigkeit der Muskelfasern und somit letztlich zu einem gesteigerten sog. Kraftanstieg.

Bei richtiger mehrwöchiger Durchführung des Programms (von den 14 gebotenen Übungen sollten jeweils mindestens 10 trainiert werden) und parallelen Technikausführungen des Golfschwunges ist unter Garantie mit einer muskulären und koordinativ besseren Gesamtleistung zu rechnen.
Ohne vorheriges Basistraining sollte dieses Programm jedoch noch nicht angewendet werden.

Spezial-Aufbauprogramm (Übungen mit und ohne Zusatzlasten)

Nr.	Übungen Kraft/Dehnung	Bild	Muskeln	Trainingswochen								
					1.	2.	3.	4.	5.	6.	7.	8.
K_1	Einbein-Beugen und -Strecken an Legpress-Maschine	S-K_1	Fußsohlenm., Wadenm., Oberschenkelm., Gesäßm.	% s S.	30 15 1	30 15 1-2	30 15 2	30-40 20 2	30-40 20 2	30-40 20 3	40 20 3	40-5 20 3
D_1	– Oberschenkeldehnen (Vorder- und Rückseite) – Waden-Dehnen	S-D_{1a} S-D_{1b} S-D_{1c}		2×10–15 s mit 20 s Zwischenpause für alle Dehnübungen								
K_2	Kniebeugen beidbeinig mit Hantel	S-K_2	Fußsohlenm., Wadenm., Oberschenkelm. (vorne, innen, hinten) Gesäßm.		wie K_1							
D_2	wie D_1	S-D_{2a} S-D_{2b} S-D_{2c}										
K_3	Beinseitabspreizen li/re im Stehen	S-K_3	Abduktoren		wie K_1							
D_3	Abduktoren-Dehnen	S-D_3										
K_4	Beinseitanziehen li/re im Stehen	S-K_4	Adduktoren		wie K_1							
D_4	Adduktoren-Dehnen	S-D_4										
K_5	Situps (ohne Gewichte)	S-K_5	gerader Bauchm.	s S	15 1	15 1-2	15 2-3	20 3	20 3	20-25 3	20-25 3	25 3
D_5	Bauchmuskel-Dehnen	S-D_5										

r.	Übungen Kraft/Dehnung	Bild	Muskeln	Trainingswochen							
				1.	2.	3.	4.	5.	6.	7.	8.
6	Hyperextension mit und ohne Rotation (ohne Gewichte)	S-K_6	untere Rückenm.	wie K_5							
6	Dehnen der unteren Rückenmuskeln	S-D_6									
7	Rumpfdrehen im Grätschsitz mit Gewichten auf Schultern	S-K_7	Rückenm., gerade und schräge Bauchm.	wie K_1							
7	Dehnen der Bauch- und Rückenmuskeln	S-D_{7a} S-D_{7b}									
8	Rumpfseitheben (ohne Gewichte)	S-K_8	Abduktoren, Bauchm., Rückenm.	wie K_5							
8	Seitbeugen	S-D_8									
9	Lat-Ziehen horizontal oder vertikal	S-K_9 1/2	breiter Rückenm.	wie K_1							
9	Lat-Dehnen	S-D_9									
10	Einarmseitziehen auswärts	S-K_{10} 1/2	Trapez, Delta, Trizeps, Rhomboiden, Schulterblattdreher, Rumpfrotatoren, Handextensoren	wie K_1							
10	Dehnen der Schulter- und oberen Rückenmuskeln und Rumpfrotatoren	S-D_{10}									
11	Armüberkreuzziehen am Doppelzug	S-K_{11} 1/2	breiter Rückenmuskel, Trapezmuskel, Trizeps, Ulnaradduktor	wie K_1							
1	Dehnen der oberen Rückenmuskeln	S-D_{11}									
12	Handbeugen und -strecken	S-K_{12}, 1/2	Unterarm- und Handmuskeln	wie K_1							
2	Dehnen der Unterarmm.	S-D_{12} 1/2									
3	Seit- und Kreisbewegungen in Fußgelenken mit Hantel	S-K_{13}	Fußgelenkmuskeln, Unterschenkelmuskeln	wie K_1							
3	Fußgelenk- und Wadendehnung	S-D_{13}									
4	Drehsitups (ohne Gewichte)	S-K_{14}	gerade, schräge und quere Bauchmuskeln	wie K_5							
4	Rumpfseit-Dehnen	S-D_{14}									

Übung K1

Einbeinbeugen und -strecken an Legpress-Maschine

Liegend in einer Legpress-Maschine wird ein Fuß bei gebeugtem Bein aufgestützt, das andere Bein wird entspannt gehalten, die Arme werden vor der Brust verschränkt oder Hände an Haltegriffen: Beugen und Strecken des aufgestützten Beines gegen entsprechenden Widerstand; dann Beinwechsel. Abwechselnd mit der ganzen Fußsohle bzw. mit dem Fußballen aufstützen (Abb. S-K_1).

Wirkungen
- Fußsohlen- und Wadenmuskulatur
- Oberschenkel- und Hüftmuskulatur
- Gesäßmuskulatur

Trainingswochen	Intensität %	Zeitdauer s	Sätze
1.	30	15	1
2.	30	15	1-2
3.	30	15	2
4.	30-40	20	2
5.	30-40	20	2
6.	30-40	20	3
7.	40	20	3
8.	40-50	20	3

S-K_1

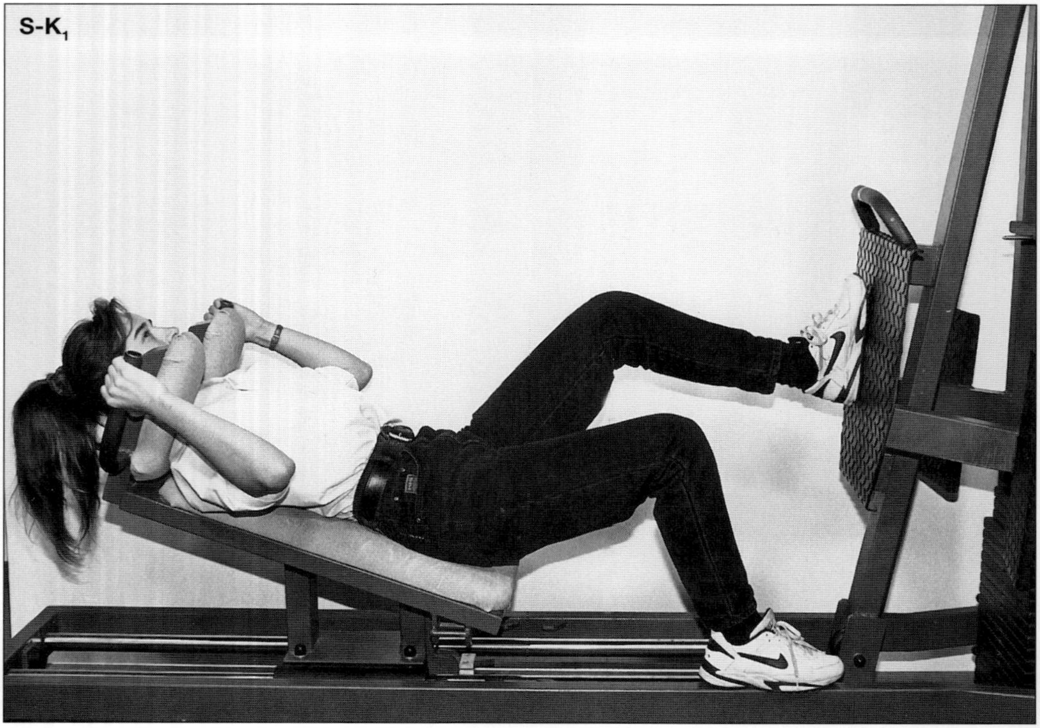

1a D Dehnen der Oberschenkel-vorderseite

Im aufrechten Einbeinstand Fassen des zurückgezogenen Beines mit der Gegenhand am Unterschenkel: Rückwärts-aufwärts-Ziehen des gefaßten Beines; aufrecht und gerade stehen bleiben (Abb. S-D_{1a}).

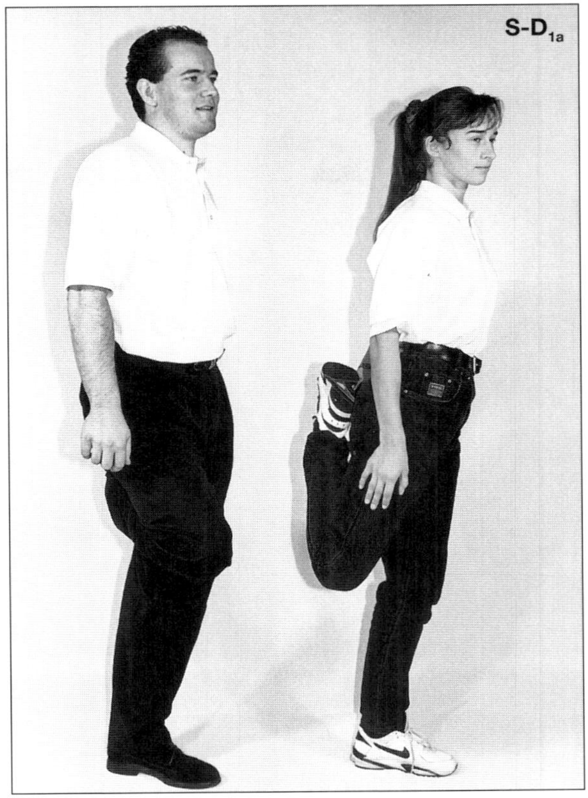

S-D_{1a}

1b D Dehnen der Oberschenkel-rückseite

Im Kniestand ein Bein vorgestreckt: Vorbeugen über das gestreckte Bein (Abb. S-D_{1b}). Oder: Im aufrechten Stand ist ein Fuß bei gestrecktem Kniegelenk mit der Ferse auf eine Bank (Stuhl) gestellt. Eine Hand liegt mit dem Handrücken an der Lendenwirbelsäule: Vorbeugen mit geradem Rücken über das vorgestellte Bein.

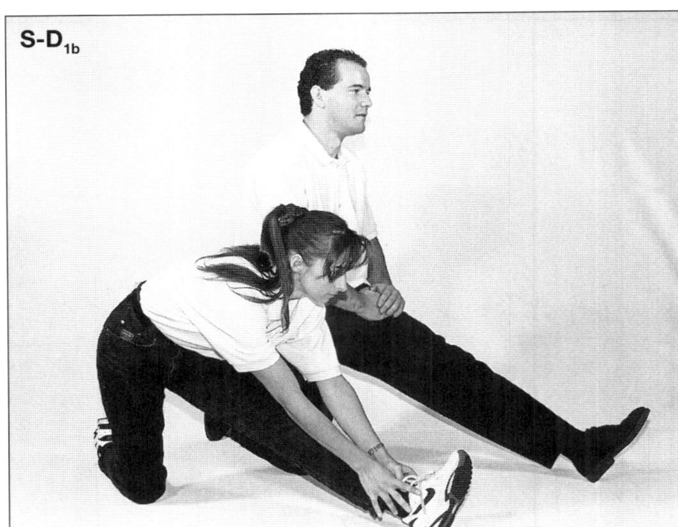

S-D_{1b}

1c D Wadendehnen (M. gastrocnemius)

In Schrittstellung vor einer Wand (Stuhl o. ä.) stehen und beide Hände aufstützen: Den hinteren Fuß mit der Ferse gegen den Boden drücken (Kniegelenk ist gestreckt) (Abb. S-D_{1c} rechts).

1d D Wadendehnen (M. soleus)

Übung wie D 1c, jedoch ist das hintere (Abb. S-D_{1c} links) Bein dabei leicht gebeugt.
Alle Dehnübungen 2×10–15 Sek. (leicht stretchen) mit 20 Sek. Pause.

S-D_{1c}

Übung K2 Kniebeugen beidbeinig mit Hantel

Im weiten Grätschstand mit nach vorne außen gedrehten Füßen eine Langhantel auf die Schultern nehmen (Abb. S-K_2 rechts): Halbhohe Kniebeugen mit unbedingt aufrechtem Oberkörper (Abb. S-K_2 links).

<u>Wirkungen</u>

- Fußsohlen- und Wadenmuskulatur
- Oberschenkelmuskulatur (vorne, hinten, innen, außen)
- Gesäßmuskulatur

Trainingswochen	Intensität %	Zeitdauer s	Sätze
1.	30	15	1
2.	30	15	1-2
3.	30	15	2
4.	30-40	20	2
5.	30-40	20	2
6.	30-40	20	3
7.	40	20	3
8.	40-50	20	3

S-K_2

2a Dehnen der Oberschenkelvorderseite

Im aufrechten Einbeinstand Fassen des zurückgezogenen Beines mit der Gegenhand am Unterschenkel: Rückwärts-aufwärts-Ziehen des gefaßten Beines; aufrecht und gerade stehen bleiben (Abb. S-D_{2a}).

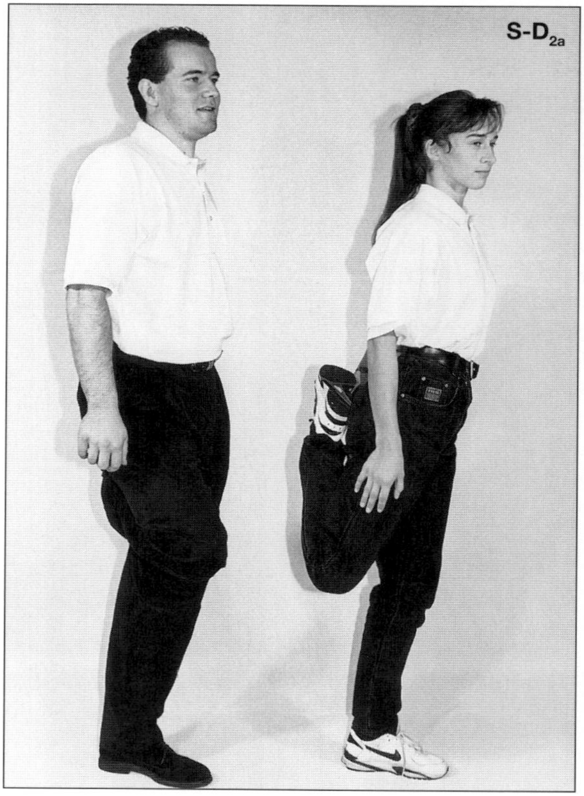

2b Dehnen der Oberschenkelrückseite

Im Kniestand ein Bein vorgestreckt: Vorbeugen über das gestreckte Bein (Abb. S-D_{2b}). Oder: Im aufrechten Stand ist ein Fuß bei gestrecktem Kniegelenk mit der Ferse auf eine Bank (Stuhl) gestellt. Eine Hand liegt mit dem Handrücken an der Lendenwirbelsäule: Vorbeugen mit geradem Rücken über das vorgestellte Bein.

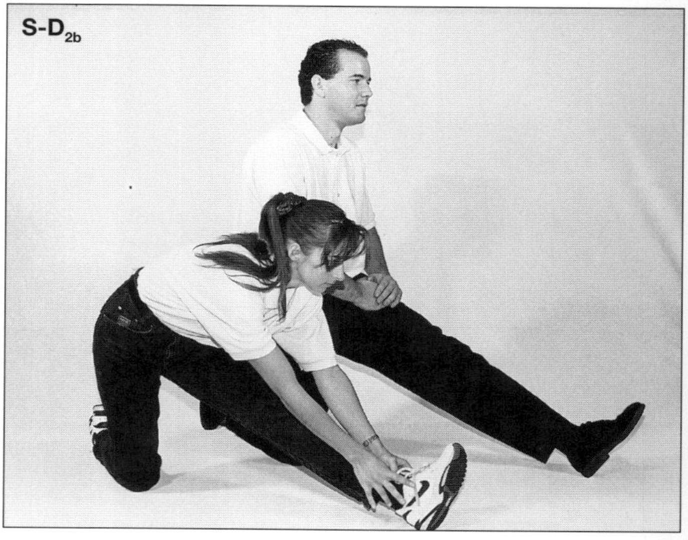

2c D Wadendehnen (M. gastrocnemius)

In Schrittstellung vor einer Wand (Stuhl o.ä.) stehen und beide Hände aufstützen: Den hinteren Fuß mit der Ferse gegen den Boden drücken (Kniegelenk ist gestreckt) (Abb. S-D_{2c} rechts).

2d D Wadendehnen (M. soleus)

Übung wie D_{2c} jedoch ist das hintere Bein (Abb. S-D_{2c} links) dabei leicht gebeugt.
Alle Dehnübungen 2×10–15 Sek. (leicht stretchen) mit 20 Sek. Pause.

S-D_{2c}

Übung K3 Beinseitabspreizen

An einem Zuggerät aufrecht stehen und beide Hände in die Hüften stützen: Rechtes und linkes Bein, ohne den aufrechten Stand zu verändern, gegen den Widerstand nach außen wegspreizen (Abb. S-K_3). Die Betonung liegt auf der Standbeinstabilisierung.

<u>Wirkungen</u>

- Abduktoren (Muskulatur des Beinseitführens)
- Hüft-, Oberschenkel- und Fußgelenkmuskulatur des Standbeines
- Gleichgewicht

Trainingswochen	Intensität %	Zeitdauer s	Sätze
1.	30	15	1
2.	30	15	1-2
3.	30	15	2
4.	30-40	20	2
5.	30-40	20	2
6.	30-40	20	3
7.	40	20	3
8.	40-50	20	3

3 D Dehnen der Abduktoren

Im Überkreuzschritt seitlich auf eine Bank stützen: Verlagerung des Körpergewichtes in Richtung Bank über das seitlich gestreckte Bein; Oberkörper bleibt aufrecht (Abb. S-D_3).
2×10–15 Sek. mit 20 Sek. Pause für jedes Bein.

S-K_3

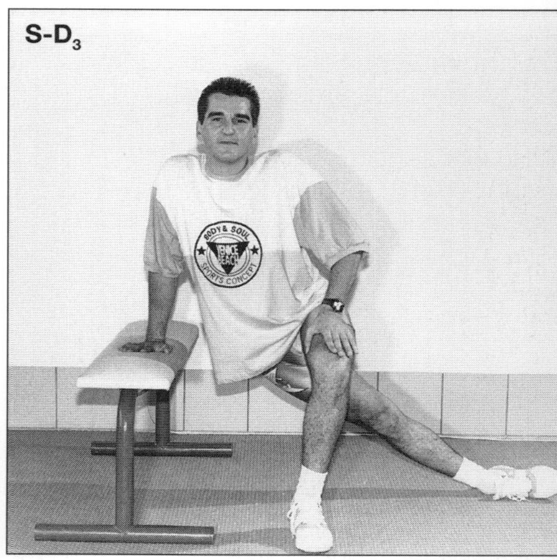

S-D_3

Übung K4 Beinseitanziehen

An einem Zuggerät aufrecht stehen und beide Hände in die Hüften stützen: Rechtes und linkes Bein, ohne den aufrechten Stand zu verändern, gegen den Widerstand nach innen anziehen (Abb. S-K_4). Betonung liegt auf Standbein.

Wirkungen

- Adduktoren (Muskulatur der Oberschenkelanzieher)
- Hüft-, Oberschenkel- und Fußgelenkmuskulatur des Standbeines
- Gleichgewicht

Trainingswochen	Intensität %	Zeitdauer s	Sätze
1.	30	15	1
2.	30	15	1-2
3.	30	15	2
4.	30-40	20	2
5.	30-40	20	2
6.	30-40	20	3
7.	40	20	3
8.	40-50	20	3

4 D Dehnen der Adduktoren

Im weiten Ausfallschritt wird eine Hand auf das vorgestellte gebeugte Bein und eine auf das rückgestellte gestreckte gestützt: Das Körpergewicht über das jeweils gebeugte Bein verlagern; Oberkörper bleibt aufrecht (Abb. S-D_4). 2×10–15 Sek. mit 20 Sek. Pause für jedes Bein.

S-K_4

S-D_4

Übung K5 Situps

In der Rückenlage liegen beide Unterschenkel auf einem Stuhl (Bank o. ä.); zwischen Bauch/Oberschenkel sowie im Kniegelenk ist jeweils ein 90-Grad-Winkel; die Hände sind neben den Ohren: den Kopf und Schultergürtel anheben; die Ellenbogen nicht nach vorwärts-aufwärts ziehen. Oder Ausführung wie auf Abb. S-K_5.
Erleichterung: Arme gestreckt neben dem Körper halten.

Wirkungen
- Gerade Bauchmuskulatur

S-K_5

Trainingswochen	Zeitdauer s	Sätze
1.	15	1
2.	15	1-2
3.	15	2-3
4.	20	3
5.	20	3
6.	20-25	3
7.	20-25	3
8.	25	3

S-D_5

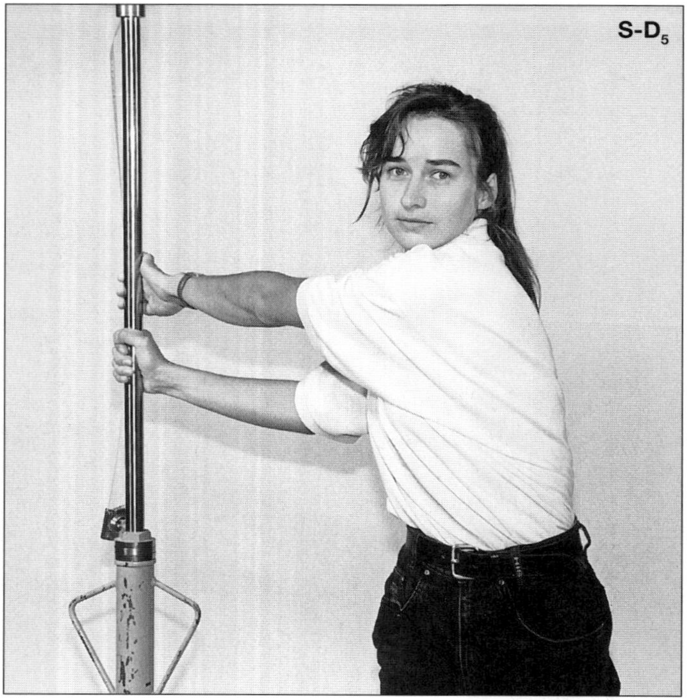

5 D Dehnen der Bauchmuskulatur

In Schrittstellung neben einem Gerät (Wand o. ä.) stehen, beide Hände greifen seitlich an das Gerät: Vorziehen des Rumpfes über das innere vorgestellte Bein (Abb. S-D_5).
2×10–15 Sek. mit 20 Sek. Pause.

Übung K6 Hyperextension mit und ohne Rotation

Bäuchlings auf den Oberschenkeln (bis zur Hüfte) auf einer Bank o. ä. liegen; die Unterschenkel sind fixiert; der Oberkörper hängt frei nach unten: Oberkörper heben bis zur Waagrechten, Arme vor Brust (Abb. S-K_6). Erschwerung: beim Aufrichten den Oberkörper und Kopf bewußter nach vorne strecken und wechselweise nach links und rechts drehen.

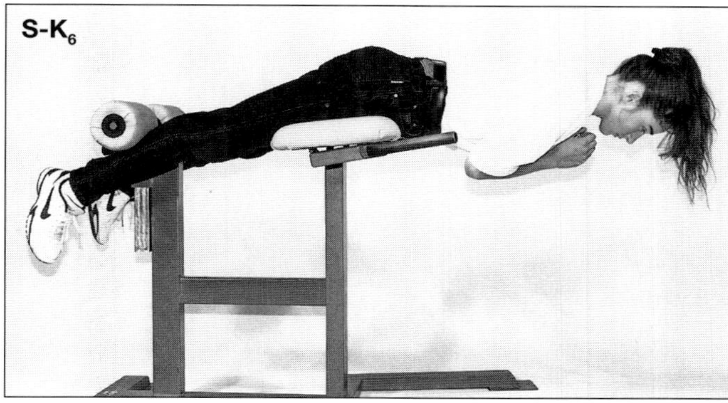
S-K_6

Wirkungen
- Rückenmuskulatur (insbesondere untere)
- Gesäßmuskulatur
- schräge und quere Bauchmuskulatur

Trainingswochen	Zeitdauer s	Sätze
1.	15	1
2.	15	1-2
3.	15	2-3
4.	20	3
5.	20	3
6.	20-25	3
7.	20-25	3
8.	25	3

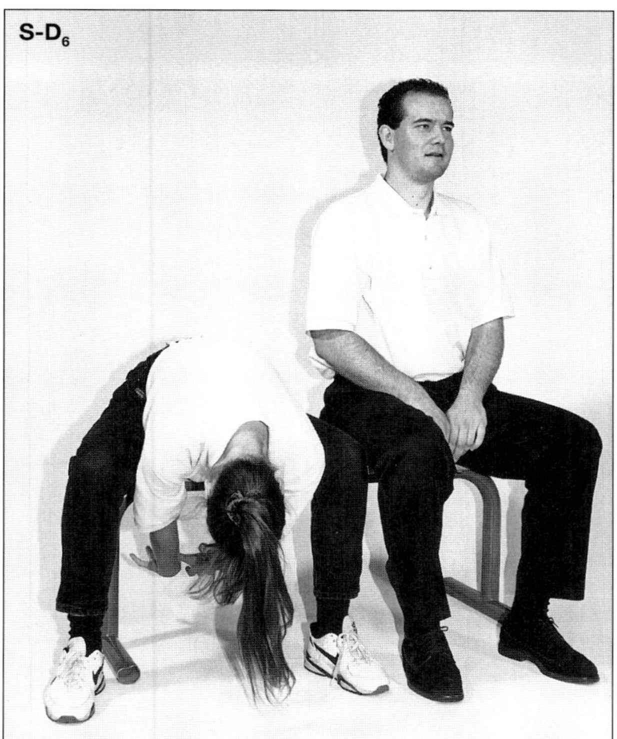
S-D_6

6 D Dehnen der Rückenmuskulatur

In der Rückenlage ist ein Bein gestreckt, das andere angehockt und von der gegenüberliegenden Hand gefaßt: Das gehockte Bein über das gestreckte zur Seite bis zum Boden ziehen. Oder vereinfacht wie auf Abb. S-D_6.
2×15 Sek. mit 20 Sek. Pause.

Übung K7

Rumpfdrehen mit Hantel

Auf einer Bank mit weit gegrätschten Beinen aufrecht sitzen; die Füße sind fest aufgestellt, und hinter dem Kopf auf den Schultern liegt eine Langhantel: Zunächst werden die gesamten Bein- und Hüftmuskeln fest angespannt, um in dieser Spannung langsam geführt den Oberkörper nach links und rechts zu drehen (Abb. S-K_7).

Wirkungen
- Rückenmuskulatur
- gerade, schräge und quere Bauchmuskulatur
- Hüft- und Oberschenkelmuskulatur

Trainingswochen	Intensität %	Zeitdauer s	Sätze
1.	30	15	1
2.	30	15	1-2
3.	30	15	2
4.	30-40	20	2
5.	30-40	20	2
6.	30-40	20	3
7.	40	20	3
8.	40-50	20	3

S-K_7

7a D Rumpfseitdehnen

In Schrittstellung seitlich neben einer Wand (fester Gegenstand) stehen (wandinneres Bein ist vorgestellt); beide Hände greifen an die Wand bzw. den festen Gegenstand: Den Oberkörper nach vorne ziehen (somit Dehnung an Außenkante; Abb. S-D_{7a}).
2×15 Sek. mit 20 Sek. Pause.

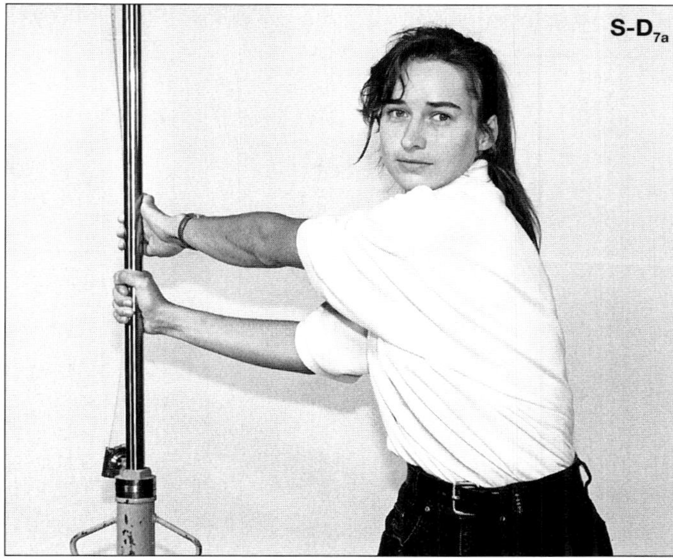

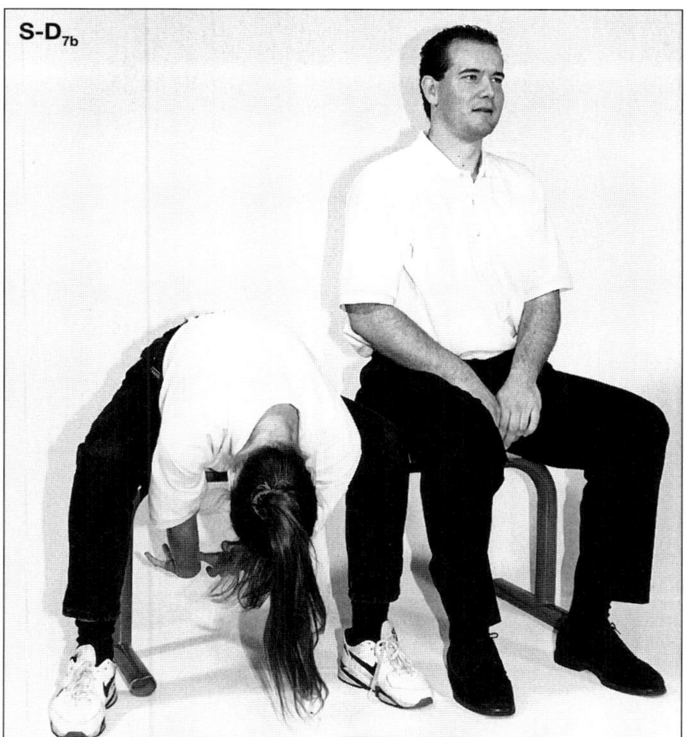

7b D Dehnen der Rückenmuskulatur

In der Rückenlage ist ein Bein gestreckt, das andere angehockt und von der gegenüberliegenden Hand gefaßt: Das gehockte Bein über das gestreckte zur Seite bis zum Boden ziehen; der gesamte Rücken bleibt dabei am Boden liegen. Oder vereinfacht wie auf Abb. S-D_{7b}.
2×15 Sek. mit 20 Sek. Pause.

Übung K8 Rumpfseitheben

Seitlings bis zur Hüfte auf einer Bank o. ä. liegen; die Unterschenkel sind fixiert; der Oberkörper hängt seitwärts herab; die Hände sind vor der Brust: Oberkörper seitwärts-aufwärts heben (Abb. S-K_8).

Wirkungen
- Rückenmuskulatur
- schräge Bauchmuskulatur
- Abduktoren

Trainingswochen	Zeitdauer s	Sätze
1.	15	1
2.	15	1-2
3.	15	2-3
4.	20	3
5.	20	3
6.	20-25	3
7.	20-25	3
8.	25	3

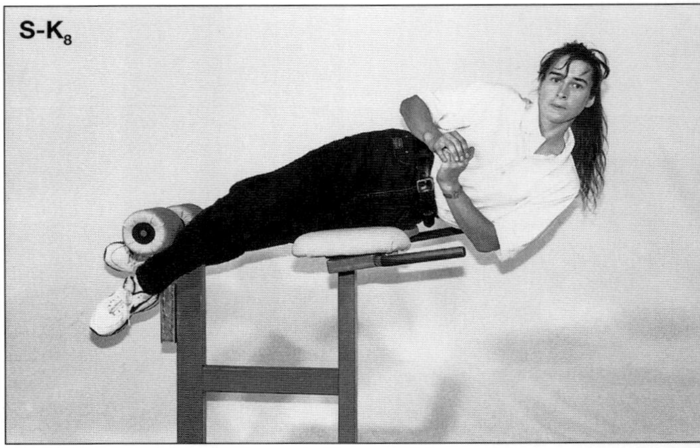
S-K_8

8 D Seitbeugen

In der leichten Grätschstellung ein Arm in Hochhalte, den anderen seitlich hängen lassen: Seitbeugen über den herabhängenden Arm (Abb. S-D_8).
2×15 Sek. mit 20 Sek. Pause.

S-D_8

Übung K9 Lat-Ziehen an Maschine

Aufrecht vor einer Latmaschine sitzen, die Füße sind aufgestützt, und die Hände fassen mit gestreckten Armen die Zuggriffe (Abb. S-$K_{9,1}$): Anziehen der Arme bei unverändert aufrechtem Sitz (Abb. S-$K_{9,2}$). Variation: Zug von oben.

<u>Wirkungen</u>

- breiter Rückenmuskel
- Rumpfstabilisation

Trainingswochen	Intensität %	Zeitdauer s	Sätze
1.	30	15	1
2.	30	15	1-2
3.	30	15	2
4.	30-40	20	2
5.	30-40	20	2
6.	30-40	20	3
7.	40	20	3
8.	40-50	20	3

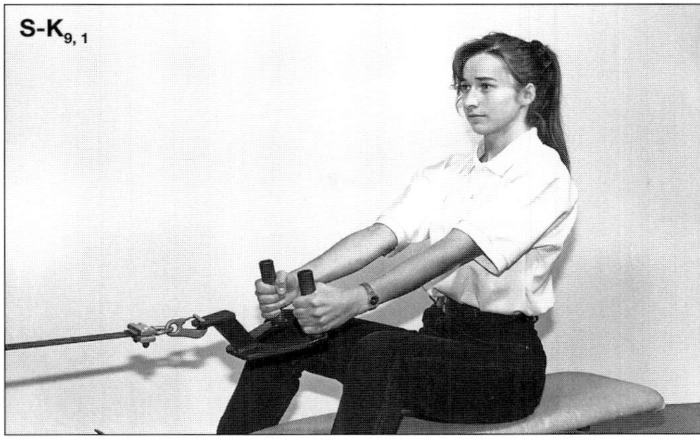
S-$K_{9,1}$

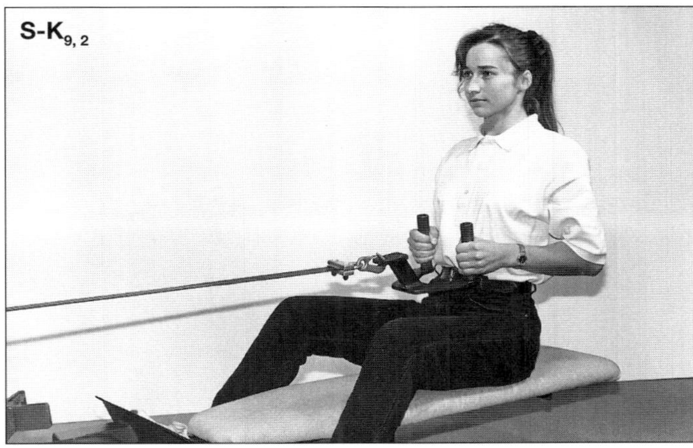
S-$K_{9,2}$

9 D Dehnen des Latissimus

Im Stand ein Arm vorgestreckt, den anderen mit dem Unterarm von außen anlegen (Abb. S-D_9 rechts): Gestreckten Arm zur Seite ziehen (Abb. S-D_9 links). 2×15 Sek. mit 20 Sek. Pause.

S-D_9

Übung K10

Einarm-seitziehen

In leichter Grätschstellung seitlich neben einem Zuggerät stehen; die äußere Hand ist in Hüfthöhe am Zuggriff, die innere ist in die Taille gestützt oder auf die Lendenwirbelsäule gelegt (Abb. $S\text{-}K_{10,\,1}$): Mit gestrecktem Arm seit-hochziehen, wobei man sich vom inneren Bein leicht abstößt und gleichzeitig die innere Hüfte mit in Zugrichtung dreht (Abb. $S\text{-}K_{10,\,2}$). Mit linker und rechter Zughand ausführen.

Wirkungen

- Trapez, Delta, Trizeps, Rhomboiden
- Schulterblattdreher
- Rumpfrotatoren
- Handextensoren

Trainingswochen	Intensität %	Zeitdauer s	Sätze
1.	30	15	1
2.	30	15	1-2
3.	30	15	2
4.	30-40	20	2
5.	30-40	20	2
6.	30-40	20	3
7.	40	20	3
8.	40-50	20	3

![10 D]

Dehnen der Schulter- und oberen Rückenmuskulatur

Im Stand die rechte Hand auf das linke Schulterblatt legen und die linke auf den rechten Ellenbogen (u.u.): Beugen nach links (u.u.) (Abb. S-D_{10}).
2×15 Sek. mit 20 Sek. Pause.

Übung K11

Armüberkreuzziehen am Doppelzug

Ein- oder beidbeinig mit überkreuzten Armen vor einem Doppelzuggerät stehen; die Hände fassen überkreuz die Griffe der von unten (Abb. $S\text{-}K_{11,\,1a}$) oder von oben (Abb. $S\text{-}K_{11,\,2a}$) herauslaufenden Seile: Überkreuz die Arme hoch-rück- (Abb. $S\text{-}K_{11,\,1b}$) oder tief-rück-ziehen (Abb. $S\text{-}K_{11,\,2b}$). Erschwerung: Einbein-Stand.

Wirkungen
- breiter Rückenmuskel
- Trapezmuskulatur
- Rumpfstabilisierung
- Beinstabilisierung
- Gleichgewicht

Trainingswochen	Intensität %	Zeitdauer s	Sätze
1.	30	15	1
2.	30	15	1-2
3.	30	15	2
4.	30-40	20	2
5.	30-40	20	2
6.	30-40	20	3
7.	40	20	3
8.	40-50	20	3

Dehnen der oberen Rückenmuskulatur

11 D

Im Stand die rechte Hand auf das linke Schulterblatt legen und die linke auf den rechten Ellenbogen (u.u.): Beugen nach links (u.u.) (Abb. S-D_{11}).
2×15 Sek. mit 20 Sek. Pause.

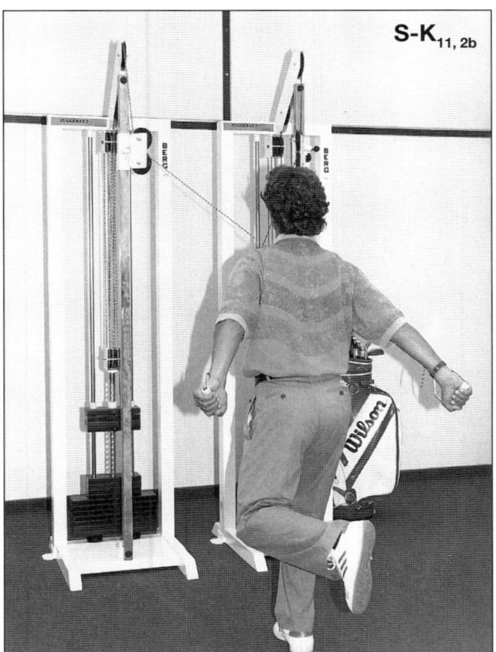

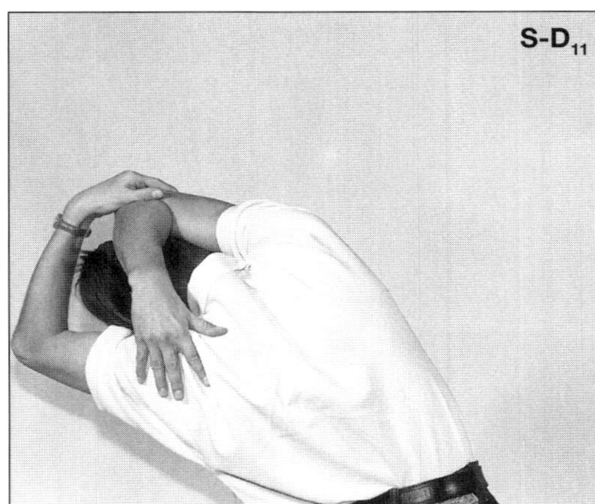

Übung K12 Handbeugen und -strecken mit Hanteln

Vor einer Bank knien und die Unterarme auflegen; in den Händen Kurzhanteln: Die Hände beugen und strecken, und zwar zum einen mit den Handflächen nach oben zeigend (Abb. $S\text{-}K_{12,1}$), zum anderen mit den Handrücken nach oben zeigend (Abb. $S\text{-}K_{12,2}$).

Wirkungen

- Unterarm- und Handmuskulatur

Trainingswochen	Intensität %	Zeitdauer s	Sätze
1.	30	15	1
2.	30	15	1-2
3.	30	15	2
4.	30-40	20	2
5.	30-40	20	2
6.	30-40	20	3
7.	40	20	3
8.	40-50	20	3

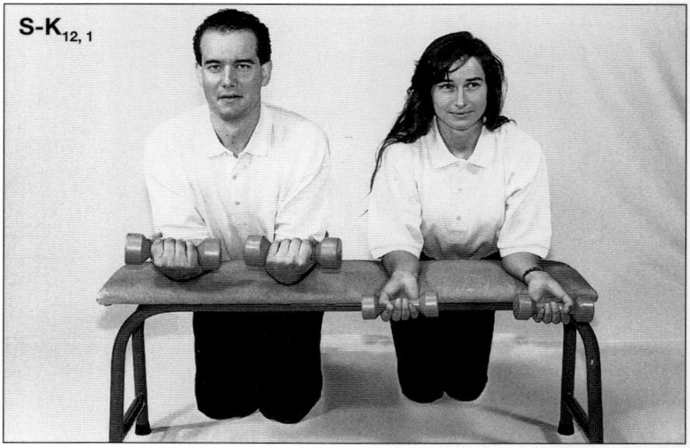

$S\text{-}K_{12,1}$

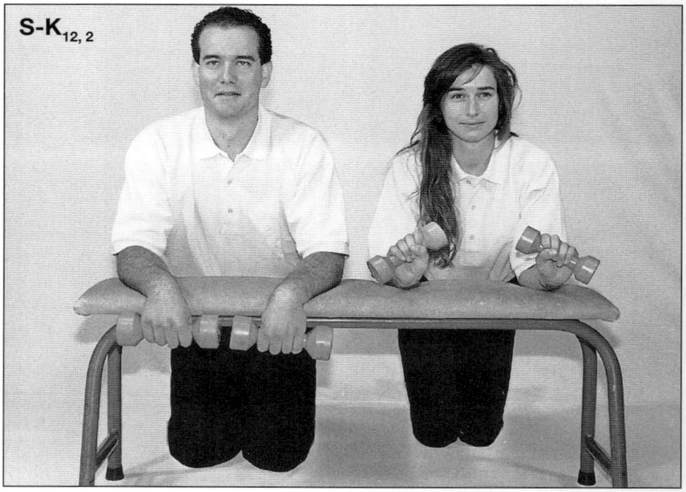

$S\text{-}K_{12,2}$

12,1 D Dehnen der Unterarmmuskulatur (für $K_{12,1}$)

Im Kniestand die Hände mit nach innen zeigenden Fingern bei gestreckten Armen aufstützen: Körpergewicht langsam und behutsam nach hinten führen (Abb. S-$D_{12,1}$).

S-$D_{12,1}$

12,2 D Dehnen der Unterarmmuskulatur (für $K_{12,2}$)

Im Kniestand einen Handrücken mit nach innen zeigenden Fingern bei gestrecktem Arm aufstützen und die andere Hand auf die nach oben gerichtete Handfläche der Stützhand auflegen (Abb. S-$D_{12,2}$ rechts): Den Ellenbogen des Stützarmes nach innen-vorne drehen (Abb. S-$D_{12,2}$ links). Dann Handwechsel. Beide Übungen je 2×15 Sek. mit 20 Sek. Pause.

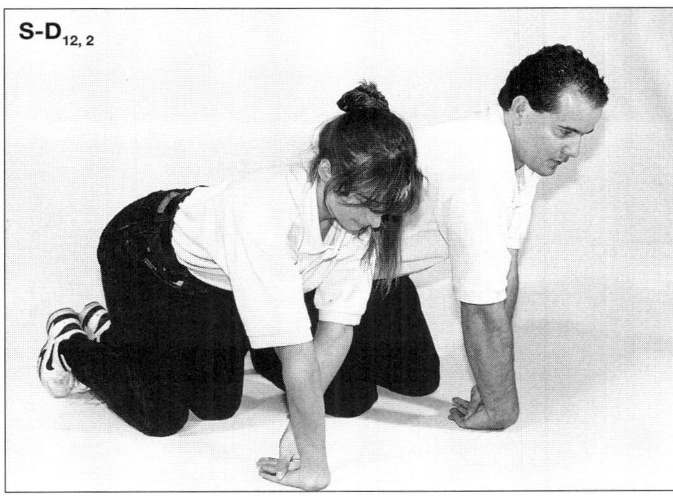

S-$D_{12,2}$

Übung K13

Seit- und Kreisbewegungen in Fußgelenken

Im leichten Grätschstand eine Hantel hinter dem Kopf auf den Schultern liegend halten: Seitschaukel- und Kreisbewegungen nach links und rechts nur in den Fußgelenken bei gleichbleibend aufrechter Körperhaltung (Abb. S-K_{13}).

Wirkungen

- Fußgelenke- und Unterschenkelmuskulatur
- Gleichgewicht

Trainingswochen	Intensität %	Zeitdauer s	Sätze
1.	30	15	1
2.	30	15	1-2
3.	30	15	2
4.	30-40	20	2
5.	30-40	20	2
6.	30-40	20	3
7.	40	20	3
8.	40-50	20	3

13 D

Dehnen der Fuß- und Unterschenkelmuskulatur

Im Sitzen auf einer Bank ein Bein überschlagen und den Fuß fassen: Den Fuß nach verschiedenen Richtungen ziehend dehnen (Abb. S-D_{13}). Fußwechsel. 2×15 Sek. mit 20 Sek. Pause.

S-K_{13}

S-D_{13}

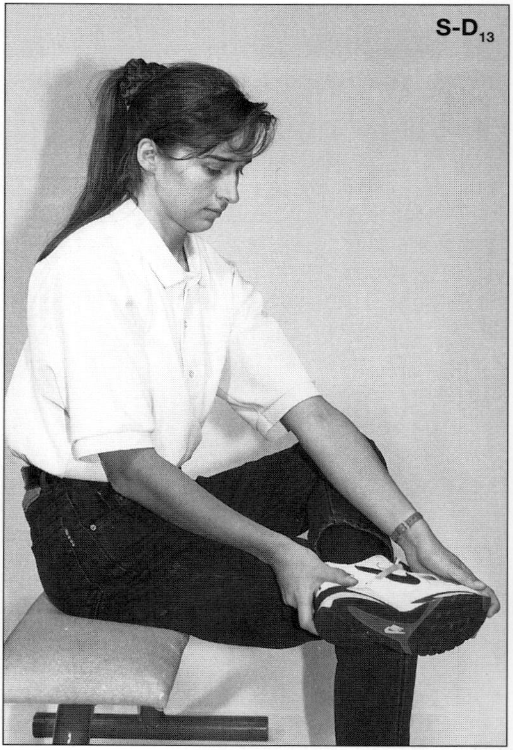

Übung K14

Drehsitups

In der Rückenlage liegen beide Unterschenkel auf einer Bank (Stuhl o. ä.); zwischen Bauch/Oberschenkel sowie im Kniegelenk ist jeweils ein 90-Grad-Winkel; die Hände sind neben den Ohren: den Kopf und Schultergürtel abheben und dabei mit der linken Schulter zur rechten Hüfte drehen und umgekehrt. Oder vereinfacht wie auf Abb. S-K_{14}.

Wirkungen

- Gerade, seitliche und quere Bauchmuskulatur

S-K_{14}

Trainingswochen	Zeitdauer s	Sätze
1.	15	1
2.	15	1-2
3.	15	2-3
4.	20	3
5.	20	3
6.	20-25	3
7.	20-25	3
8.	25	3

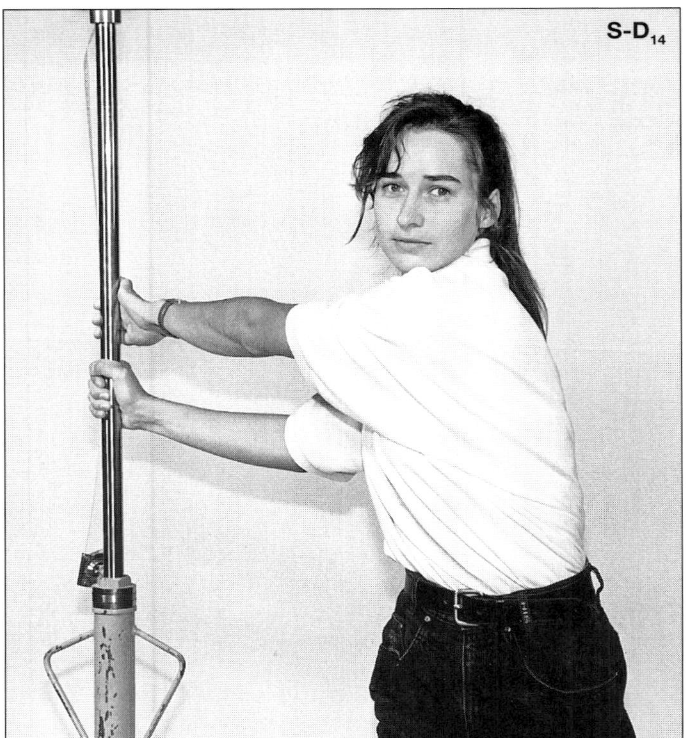

S-D_{14}

14 D

Rumpfseitdehnen

In Schrittstellung seitlich neben einem festen Gegenstand stehen (inneres Bein ist vorgestellt); beide Hände greifen an den festen Gegenstand: Den Oberkörper nach vorne ziehen (somit Dehnung an Außenkante; Abb. S-D_{14}).
2×15 Sek. mit 20 Sek. Pause.

Das Erhaltungsprogramm – Sommer/Herbst

Charakterisierung

Nach trainingswissenschaftlichen Erkenntnissen und praktischen Erfahrungen verliert ein Sportler etwa ab 20 Tagen nach Absetzen eines Muskeltrainings 30 und dann stetig mehr Prozent seiner antrainierten Kraft. Es ist deshalb unbedingt erforderlich, zur Erhaltung (von zumindest 90%) seiner muskulären Leistungsfähigkeit »etwas zu tun«. Mit der Durchführung eines sog. Erhaltungsprogramms 1–2× wöchentlich erreichen wir dieses Ziel.

Es ist empfehlenswert, bei 1× wöchentlichem Training das Programm am Dienstag oder Mittwoch zu absolvieren, bei 2× wöchentlich Dienstag und Donnerstag, um jeweils zum Turnierwochenende keine eventuellen Koordinationsbeeinträchtigungen verspüren zu müssen.

Ein Erhaltungsprogramm sollte 8–10 Übungen beinhalten, die vorwiegend auf die Standstabilisierung (Gleichgewicht!) und die großen Rumpfmuskeln ausgerichtet sind.

Erhaltungsprogramm (Übungen mit und ohne Zusatzlasten)

Nr.	Übung Kraft/Dehnung	Bild	Muskeln	Durchführungsempfehlung
K_1	Einbein-Beugen und -Strecken an Legpress-Maschine	E-K_1	Fußsohlenmuskulatur, Unterschenkelmuskulatur, Oberschenkelm., Gesäßm.	Für alle Übungen mit Gewichten Intensität: 40-70% Wiederholungen: 12-8 oder Zeit: 25-15 s Sätze: 3
D_1	– Oberschenkel-Dehnen (Vorder- und Rückseite) – Waden-Dehnen	E-D_{1a} E-D_{1b} E-D_{1c}		
K_2	Drehsitups (ohne Gewichte)	E-K_2	gerade, schräge und quere Bauchmuskeln	Dehnung für alle Dehnübungen: 2×10–15 s mit 20 s Zwischenpause
D_2	Rumpfseit-Dehnen	E-D_2		
K_3	Hyperextension (ohne Gewichte)	E-K_3	Gesäß- und untere Rückenmuskulatur	Für alle Übungen ohne Gewichte (o. G.): Wiederholungen: 20-50 Sätze: 2-3
D_3	Dehnen der unteren Rückenm.	E-D_3		
K_4	Seit- und Kreisbewegungen in Fußgelenken mit Hantel	E-K_4	Fußgelenkmuskulatur, Unterschenkelmuskulatur	
D_4	– Fußgelenk-Dehnen – Waden-Dehnen	E-D_4		
K_5	Handbeugen und -strecken mit Hanteln	E-K_5 1/2	Unterarm- und Handmuskulatur	
D_5	Dehnen der Unterarmm.	E-D_5		
K_6	Beinseitabspreizen li/re im Stehen an Maschine	E-K_6	Abduktoren	
D_6	Abduktoren-Dehnen	E-D_6		
K_7	Beinseitanziehen li/re im Stehen an Maschine	E-K_7	Adduktoren	
D_7	Adduktoren-Dehnen	E-D_7		
K_8	Butterfly (an Maschinen oder besser mit Kurzhanteln)	E-K_8	Schultermuskulatur, Brustmuskulatur	
D_8	Brustmuskel-Dehnen	E-D_8		
K_9	Rumpfseitheben (ohne Gewichte)	E-K_9	Abduktoren, Bauchm., Rückenm.	
D_9	Seitbeugen	E-D_9		
K_{10}	Arm-Schulterrückführen (an Maschine oder besser mit Kurzhanteln)	E-K_{10}	obere Rückenmuskulatur, Schultermuskulatur	
D_{10}	Dehnen der oberen Rückenm.	E-D_{10}		

Übung K1

Einbeinbeugen und -strecken an Legpress-Maschine

Liegend in einer Legpress-Maschine wird ein Fuß bei gebeugtem Bein aufgestützt, das andere Bein wird entspannt gehalten, die Arme werden vor der Brust verschränkt oder die Hände an Haltegriffen: Beugen und Strecken des aufgestützten Beines gegen entsprechenden Widerstand; dann Beinwechsel. Abwechselnd mit der ganzen Fußsohle bzw. mit dem Fußballen aufstützen (Abb. E-K_1).

Wirkungen:
- Fußsohlen- und Wadenmuskulatur
- Oberschenkel- und Hüftmuskulatur
- Gesäßmuskulatur

Intensität %	Wiederholungen	oder Zeit	Sätze
40-70	12-8	25-15	3

E-K_1

1a D Dehnen der Oberschenkelvorderseite

Im aufrechten Einbeinstand Fassen des zurückgezogenen Beines mit der Gegenhand am Unterschenkel: Rückwärts-aufwärts-Ziehen des gefaßten Beines; aufrecht und gerade stehen bleiben (Abb. E-D_{1a}).

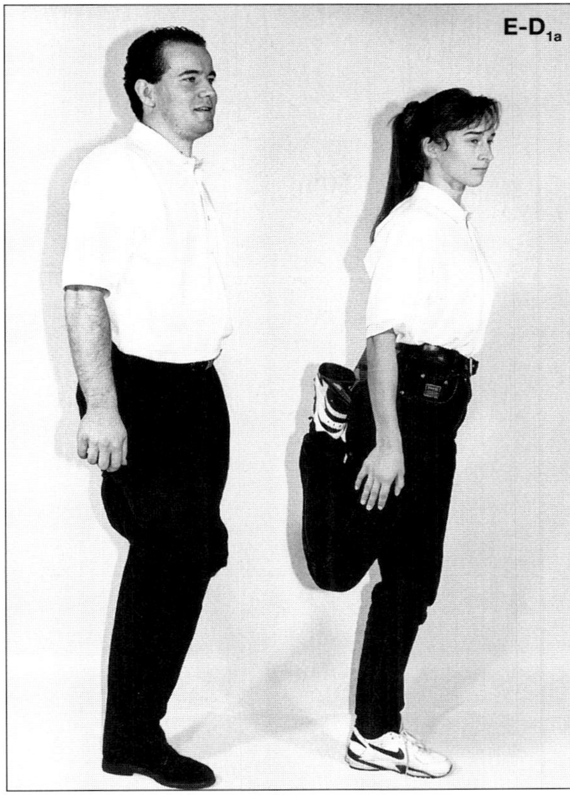

1b D Dehnen der Oberschenkelrückseite

Im Kniestand ein Bein vorgestreckt: vorbeugen über das gestreckte Bein (Abb. E-D_{1b}). Oder: Im aufrechten Stand ist ein Fuß bei gestrecktem Kniegelenk mit der Ferse auf eine Bank (Stuhl) gestellt. Eine Hand liegt mit dem Handrücken an der Lendenwirbelsäule: Vorbeugen mit geradem Rücken über das vorgestellte Bein.

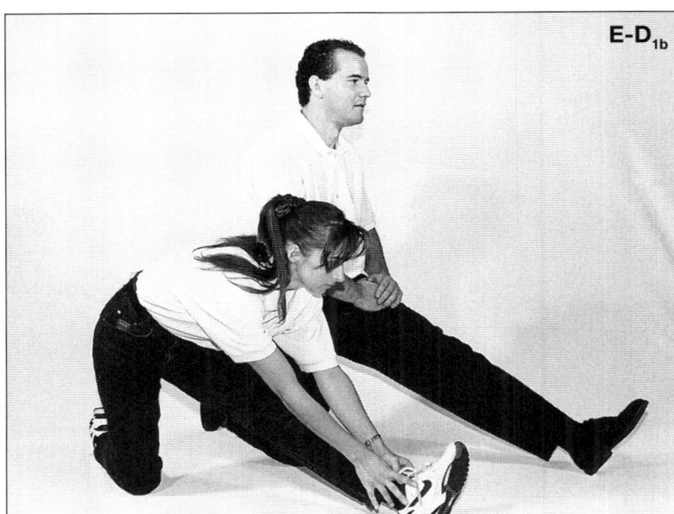

1c D Wadendehnen (M. gastrocnemius)

In Schrittstellung vor einer Wand (Stuhl o. ä.) stehen und beide Hände aufstützen: Den hinteren Fuß mit der Ferse gegen den Boden drücken (Kniegelenk ist gestreckt) (Abb. E-D_{1c} rechts).

1d D Wadendehnen (M. soleus)

Übung wie D_{1c} jedoch ist das hintere Bein (Abb. E-D_{1c} links) dabei leicht gebeugt.
Alle Dehnübungen 2×10–15 Sek. (leicht stretchen) mit 20 Sek. Pause.

Übung K2 Drehsitups

In der Rückenlage liegen beide Unterschenkel auf einer Bank (Stuhl o. ä.); zwischen Bauch/Oberschenkel sowie im Kniegelenk ist jeweils ein 90-Grad-Winkel; die Hände sind neben den Ohren: den Kopf und Schultergürtel abheben und dabei mit der linken Schulter zur rechten Hüfte drehen und umgekehrt. Oder vereinfacht wie auf Abb. E-K_2.

Wirkungen
- gerade, seitliche und quere Bauchmuskulatur

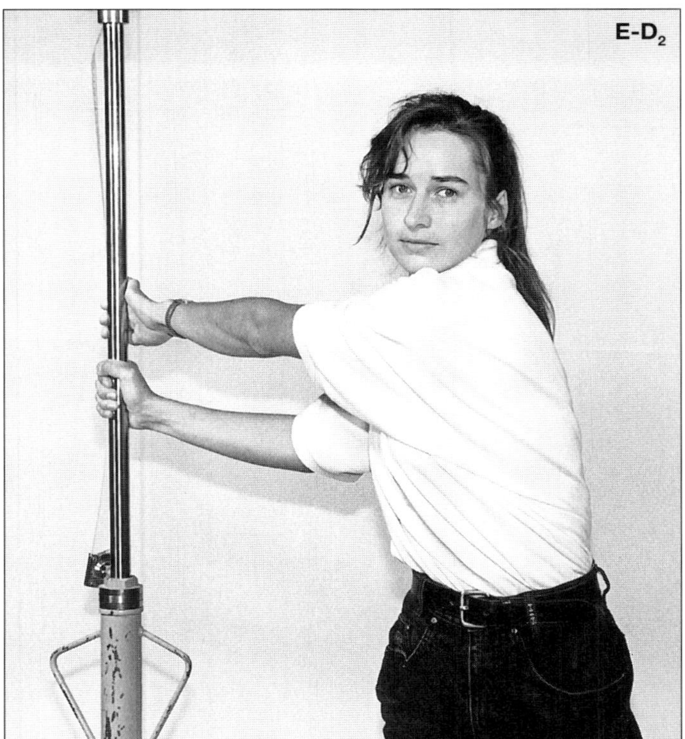

Wiederholungen	Sätze
20-50	2-3

2 D Rumpfseitdehnen

In Schrittstellung seitlich neben einer Wand (fester Gegenstand) stehen (wandinneres Bein ist vorgestellt); beide Hände greifen an die Wand bzw. den festen Gegenstand: Den Oberkörper nach vorne ziehen (somit Dehnung an Außenkante; Abb. E-D_2).
2×15 Sek. mit 20 Sek. Pause.

Übung K3 Hyperextension mit und ohne Rotation

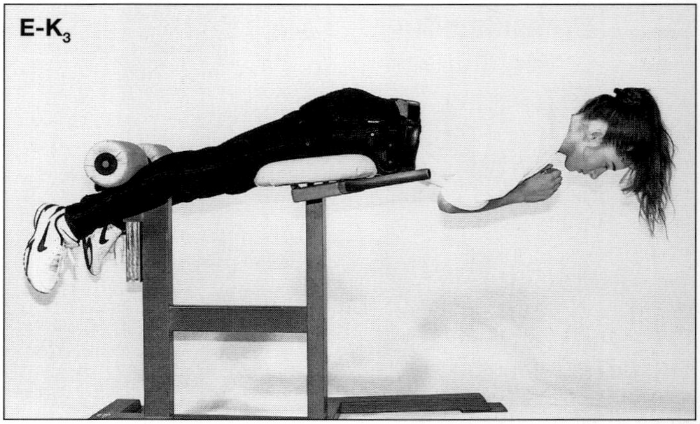

Bäuchlings auf den Oberschenkeln (bis zur Hüfte) auf einer Bank o. ä. liegen; die Unterschenkel sind fixiert; der Oberkörper hängt frei nach unten: Oberkörperheben bis zur Waagrechten, Arme zur Seite oder vor der Brust (Abb. E-K_3). Erschwerung: beim Aufrichten den Oberkörper wechselweise nach links und rechts drehen.

Wirkungen
- Rückenmuskulatur (insbesondere untere)
- Gesäßmuskulatur
- schräge und quere Bauchmuskulatur

Wiederholungen	Sätze
10-50	2-3

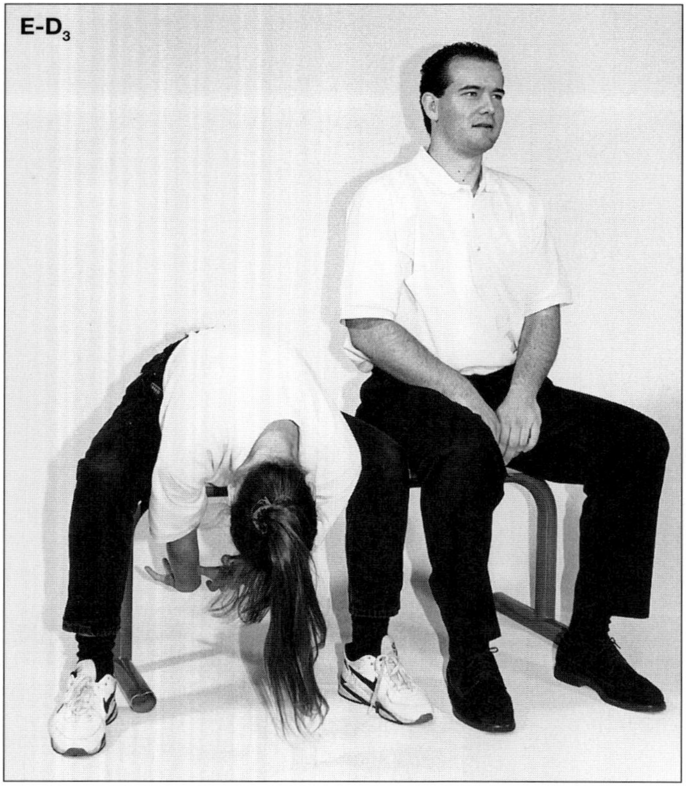

3 D Dehnen der Rückenmuskulatur

In der Rückenlage ist ein Bein gestreckt, das andere angehockt und von der gegenüberliegenden Hand gefaßt: Das gehockte Bein über das gestreckte zur Seite bis zum Boden ziehen; der gesamte Rücken bleibt dabei am Boden liegen. Oder vereinfacht wie auf Abb. E-D_3.
2×15 Sek. mit 20 Sek. Pause.

Übung K4

Seit- und Kreisbewegungen in Fußgelenken

Intensität %	Wiederholungen	oder Zeit	Sätze
40-70	12-8	25-15	3

Im leichten Grätschstand eine Hantel auf den Schultern liegend halten: Seitschaukelbewegungen nach links und rechts (sowie kreisförmig nach links und rechts herum rotieren) nur in den Fußgelenken bei gleichbleibend aufrechter Körperhaltung (Abb. E-K_4).

Wirkungen
- Fußgelenk- und Unterschenkelmuskulatur
- Gleichgewicht

4 D

Dehnen der Fuß- und Unterschenkelmuskulatur

Im Sitzen auf einer Bank ein Bein überschlagen und den Fuß fassen: Den Fuß nach verschiedenen Richtungen ziehend dehnen (Abb. E-D_4). Fußwechsel. 2×15 Sek. mit 20 Sek. Pause.

E-K_4

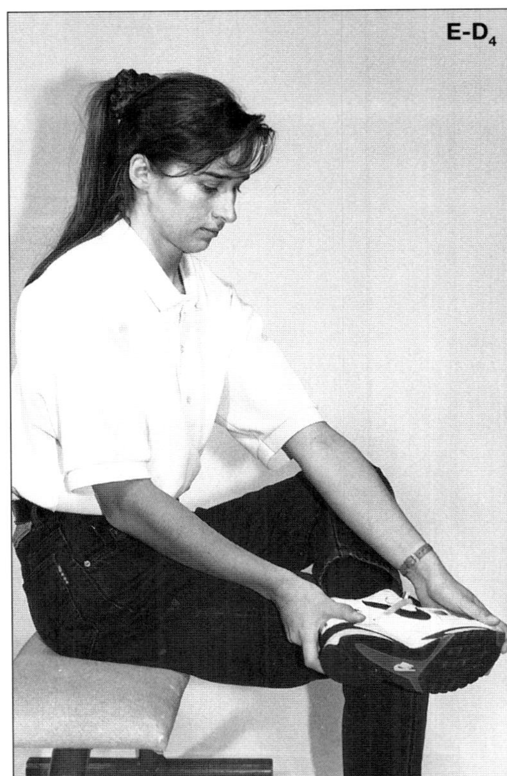
E-D_4

Übung K5

Handbeugen und -strecken mit Hanteln

Vor einer Bank knien und die Unterarme auflegen; in den Händen Kurzhanteln:
Die Hände beugen und strecken, und zwar zum einen mit den Handflächen nach oben zeigend (Abb. E-$K_{5,1}$), zum anderen mit den Handrücken nach oben zeigend (Abb. E-$K_{5,2}$).

Wirkungen

- Unterarm- und Handmuskulatur

Intensität %	Wiederholungen	oder Zeit	Sätze
40-70	12-8	25-15	3

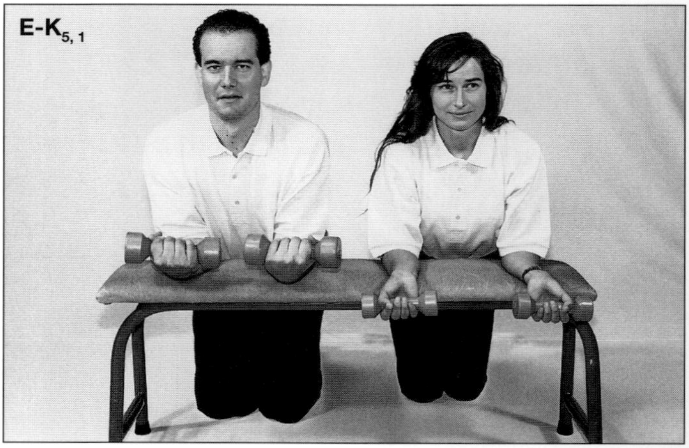
E-$K_{5,1}$

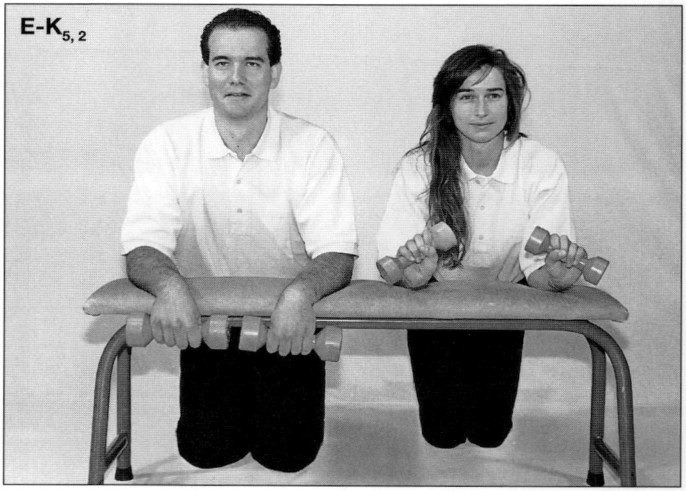
E-$K_{5,2}$

5,1 D Dehnen der Unterarm-muskulatur (für $K_{5,1}$)

Im Kniestand die Hände mit nach innen zeigenden Fingern bei gestreckten Armen aufstützen: Körpergewicht langsam und behutsam nach hinten führen (Abb. E-$D_{5,1}$).

5,2 D Dehnen der Unterarm-muskulatur (für $K_{5,2}$)

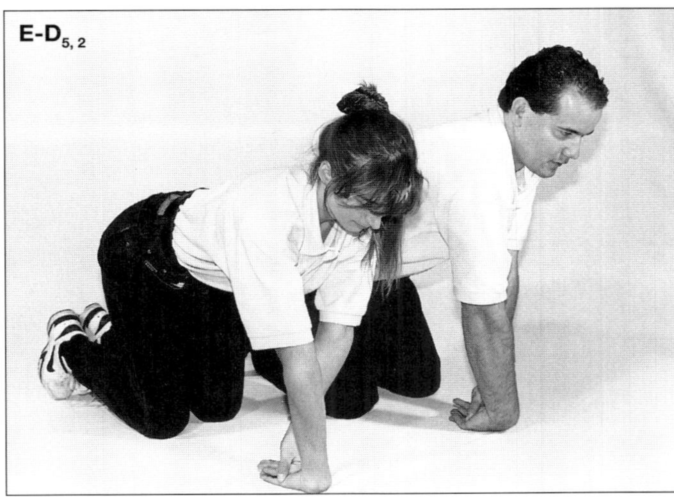

Im Kniestand einen Handrücken mit nach innen zeigenden Fingern bei gestrecktem Arm aufstützen und die andere Hand auf die nach oben gerichtete Handfläche der Stützhand auflegen (Abb. E-$D_{5,2}$ rechts): Den Ellenbogen des Stützarmes nach innen-vorne drehen (Abb. E-$D_{5,2}$ links). Dann Handwechsel. Beide Übungen je 2×15 Sek. mit 20 Sek. Pause.

Übung K6 Beinseitabspreizen

An einem Zuggerät aufrecht stehen und beide Hände in die Hüften stützen: Rechtes und linkes Bein, ohne den aufrechten Stand zu verändern, gegen den Widerstand nach außen wegspreizen (Abb. E-K_6). Die Betonung liegt auf der Standbeinstabilisierung.

Wirkungen
- Abduktoren (Muskulatur des Beinseitführens)
- Hüft-, Oberschenkel- und Fußgelenkmuskulatur des Standbeines
- Gleichgewicht

Intensität %	Wiederholungen	oder Zeit	Sätze
40-70	12-8	25-15	3

6 D Dehnen der Abduktoren

Im Überkreuzschritt seitlich auf eine Bank stützen: Verlagerung des Körpergewichtes in Richtung Bank über das seitlich gestreckte Bein; Oberkörper bleibt aufrecht (Abb. E-D_6).
2×10–15 Sek. mit 20 Sek. Pause für jedes Bein.

E-K_6

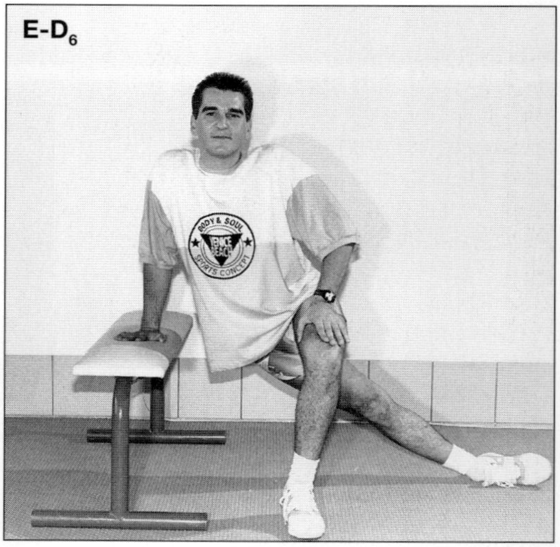
E-D_6

Übung K7 Beinseitanziehen

An einem Zuggerät aufrecht stehen und beide Hände in die Hüften stützen: Rechtes und linkes Bein, ohne den aufrechten Stand zu verändern, gegen den Widerstand nach innen anziehen (Abb. E-K_7). Betonung liegt auf Standbein.

Wirkungen

- Adduktoren (Muskulatur der Oberschenkelanzieher)
- Hüft-, Oberschenkel- und Fußgelenkmuskulatur des Standbeines
- Gleichgewicht

Intensität %	Wiederholungen	oder Zeit	Sätze
40-70	12-8	25-15	3

7 D Dehnen der Adduktoren

Im weiten Ausfallschritt wird eine Hand auf das vorgestellte gebeugte Bein und eine auf das rückgestellte gestreckte gestützt: Das Körpergewicht über das jeweils gebeugte Bein verlagern; Oberkörper bleibt aufrecht (Abb. E-D_7). 2×10–15 Sek. mit 20 Sek. Pause für jedes Bein.

E-K_7

E-D_7

Übung K8

Butterfly mit Kurzhanteln

Auf einer Bank mit angezogenen Beinen liegen und in den Händen bei gewinkelten Armen je eine Kurzhantel halten (Abb. E-K_8, rechts): die Arme vor-hochziehen (Abb. E-K_8, links).

Wirkungen
- Brustmuskulatur
- Schultermuskulatur

Intensität %	Wiederholungen	oder Zeit	Sätze
40-70	12-8	25-15	3

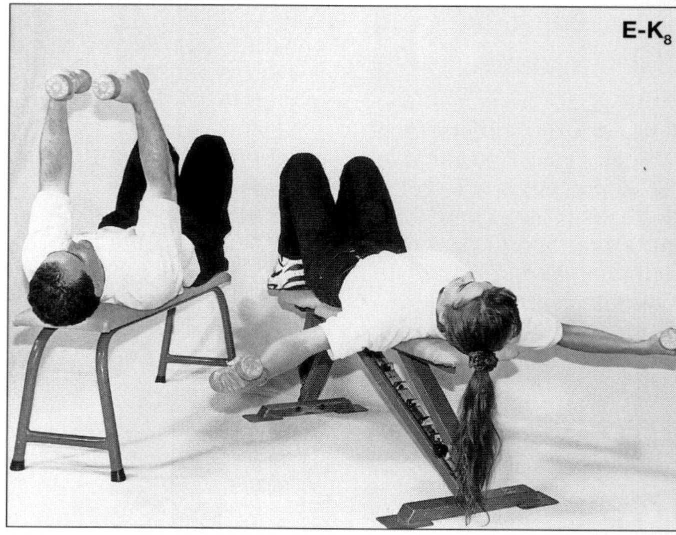

8 D

Dehnen der Brustmuskulatur

In Schrittstellung seitlich neben einer Wand (oder Gerät o. ä.) stehen und einen Handrücken auf die Lendenwirbelsäule legen, den anderen Arm in Richtung Wand strecken, wobei die Hand mit nach oben gerichteter Handfläche an die Wand gedrückt wird: die Brust bzw. das Körpergewicht nach vorne verlagern (Abb. E-D_8).
2×15 Sek. mit 20 Sek. Pause.

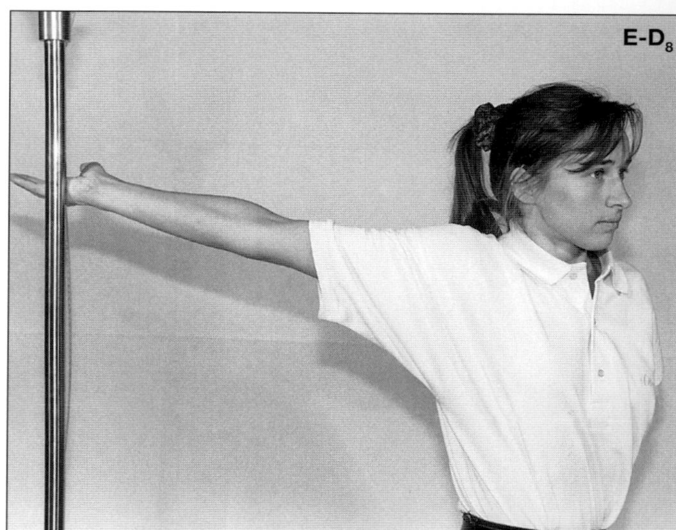

Übung K9 Rumpfseitheben

Seitlings bis zur Hüfte auf einer Bank o. ä. liegen; die Unterschenkel sind fixiert; der Oberkörper hängt seitwärts herab; die Hände sind vor der Brust: Oberkörper seitwärts-aufwärts heben (Abb. E-K_9).

Wirkungen
- Rückenmuskulatur
- schräge Bauchmuskulatur
- Abduktoren

Wiederholungen	Sätze
10-50	2-3

E-K_9

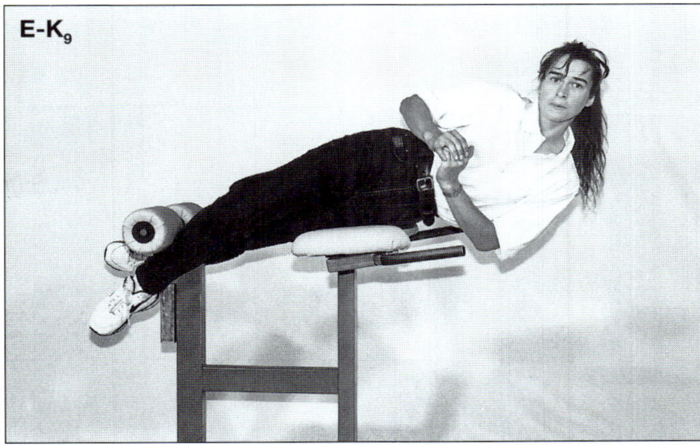

E-D_9

9 D Seitbeugen

In der leichten Grätschstellung ein Arm in Hochhalte, den anderen seitlich hängen lassen: Seitbeugen über den herabhängenden Arm (Abb. E-D_9).
2×15 Sek. mit 20 Sek. Pause.

Übung K10 Arm-Schulter-Rückführen

Bäuchlings auf einer Bank liegen und mit beiden Händen eine Kurzhantel mit herabhängenden Armen halten: Rück-hoch-Führen der Arme bei leicht gebeugten Ellenbogen. Variation: auch an spezieller Maschine möglich (Abb. E-$K_{10,1}$ und E-$K_{10,2}$).

<u>Wirkungen</u>

- Schulter- und obere Rückenmuskulatur
- Rückenstabilisierung

Intensität %	Wiederholungen	oder Zeit	Sätze
40-70	12-8	25-15	3

Dehnen der Schulter- und oberen Rückenmuskulatur

10 D

Im aufrechten Stand oder Sitz einen Arm gestreckt vorhalten; mit der anderen Hand von unten-außen an den gestreckten Arm andrücken (Abb. E-D_9 rechts): den gestreckten Arm nach innen-seitwärts drücken (Abb. E-D_9 links). 2×15 Sek. mit 20 Sek. Pause.

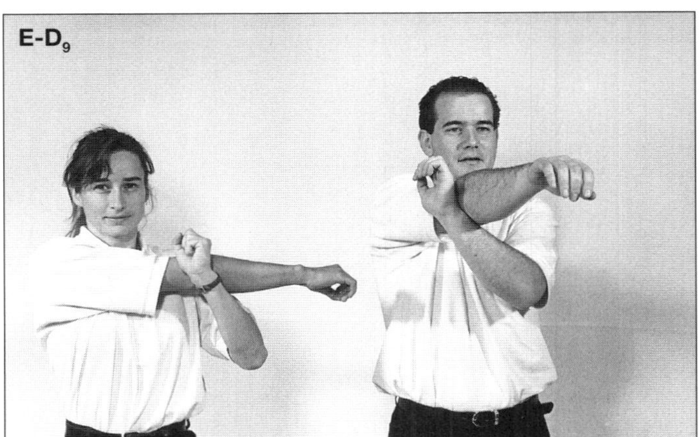

Das tägliche Ergänzungsprogramm für Beweglichkeit, Gleichgewicht und Schwunggefühl

Charakterisierung
Dieses Übungsprogramm ist speziell auf den koordinativen Bereich ausgerichtet; im einzelnen auf die »Komponenten« Beweglichkeit, Gleichgewicht (Gleichgewichtsstabilisierung) und Bewegungsempfindung bzw. Schwunggefühl. Mit dem *täglichen Training* dieser »Komponenten« erreichen Sie garantiert eine sichtbare Verbesserung Ihrer spielerischen Gesamtleistung; denn bekanntlich hat man gerade in den Bereichen der Beweglichkeit, des Gleichgewichts und des Schwunggefühls z.T. erhebliche Schwächen und Defizite bzw. verspürt man von Zeit zu Zeit ein gewisses Nachlassen.
Das *Programm* besteht aus 18 Übungen, die in der angegebenen Reihenfolge möglichst täglich (mindestens 3× wöchentlich) zu Hause oder auf dem Golfplatz das ganze Jahr über trainiert werden sollten. Die Tageszeit zum Üben spielt dabei keine Rolle.
Alle mit »A« bezeichneten Übungen eignen sich auch zum **Aufwärmen** vor einem Training bzw. Turnier, so daß nahezu das gesamte Programm stets zum Aufwärmen verwendet werden kann.
Die für die einzelnen Übungen angegebenen Wiederholungen bzw. Zeitangaben können je nach Befinden allmählich auch gesteigert werden.
Die **Übungen des Programms** sind akzentmäßig wie folgt zusammengestellt:
Übungen 1–10:
Dehnung, Beweglichmachung, Gelenkmobilisierung;
Übungen 11–14:
Fußgelenkstabilisierung, Gleichgewichtsschulung;
Übungen 15–18:
Gleichgewichtsschulung, Schwunggefühl- und Schwungkoordinationsschulung.

Tägliches Ergänzungsprogramm
für Beweglichkeit, Gleichgewicht und Schwunggefühl

	Nr.	Übung	Bild Seite	Wiederholungen bzw. Zeitdauer pro Trainingseinheit
Dehnung und Beweglichmachung	1 A	Rumpfvorfedern	T_1	15–20×
	2 A	Rumpfbeugen seitwärts	T_2	15× nach re und li
	3 A	Rumpfdrehen 1 seitwärts	T_3	15× nach re und li
	4 A	Kopf-Seitziehen	T_4	ca. 2×10–15 s nach re und li
	5 A	Rumpf-Vorseitbeugen	T_5	15× nach re und li
	6	Drehsitz	T_6	2×15 s
	7 A	Beinrückziehen	T_7	2×15 s jedes Bein
	8 A	Oberkörpervorbeugen	T_8	2×15 s jedes Bein
	9 A	Wadenstrecken	T_9	2×15 s re und li
	10	Handgelenkstrecken und -beugen	T_{10}	2×15 s
Stabilisierung, Gleichgewicht	11 A	Beinaus- und -eindrehen	T_{11}	15× hin und her
	12 A	Beinschwingen	T_{12}	15× hin und her
	13	Beinwechselbelasten	T_{13}	15× im Wechsel jedes Bein
	14 A	Körperkreisen in Fußgelenken	T_{14}	15× li und re herum
Gleichgewicht, Schwunggefühl	15 A	Rumpfdrehen 2	T_{15}	30× hintereinander
	16 A	Rumpfdrehen 3	T_{16}	15× nach re und li
	17 A	Pendelschwingen	T_{17}	15–30× hin und her
	18	Beinwechsel – Pendelschwingen	T_{18}	15–30× hin und her

Übung 1

Rumpfvorfedern (A)

Im Grätschwinkelstand (Vorbeuge) mit gestreckten Armen auf senkrecht gestellten Schläger stützen: Abwärtsfedern der Brust in den Schultergelenken (Abb. T_1); zunächst leicht, allmählich intensiver – insgesamt ca. 15–20mal.

Wirkungen
- Dehnung der Schultermuskulatur
- Dehnung der Brustmuskulatur
- Dehnung der Oberschenkelrückseitenmuskulatur

T_1

Übung 2 Rumpfbeugen seitwärts (A)

Im Grätschstand den Schläger mit weitem Griff über den Kopf halten: Rumpfbeugen seitwärts nach rechts und links; sachte beginnen und gesteigert beugen mit leichtem Nachfedern – ca. 15× nach rechts und links (Abb. T_2).

Wirkungen
- Dehnung der Oberschenkelaußen- und Hüftmuskulatur
- Dehnung der schrägen und queren Bauchmuskulatur
- Dehnung des breiten Rückenmuskels (Latissimus)

Übung 3 Rumpfdrehen 1 seitwärts (A)

Im Grätschstand den Schläger mit weitem Griff nach vorne halten: Langsames Rumpfdrehen nach links und rechts mit gestreckten Armen und nachfedern; Kopf mitdrehen (Abb. $T_{3,1}$) und auch nach vorne gerichtet stehen lassen (Abb. $T_{3,2}$).

- ca. 15× links und rechts. Steigerung: stärker nachfedern.

Wirkungen

- Dehnung der schrägen und queren Bauchmuskulatur
- Dehnung des gesamten Schulterbereiches, der Rücken- und Hüftmuskulatur

$T_{3,1}$

$T_{3,2}$

Übung 4 Kopf-Seitziehen (A)

Im hüftbreiten Stand die linke Hand über den Kopf auf das rechte Ohr legen (und umgekehrt): Langsam den Kopf nach links ziehen (Blick unter die linke Achsel) und umgekehrt – 2× ca. 10–15 Sek. ziehen (stretchen) nach jeder Seite, dazwischen jeweils 20 Sek. Pause (Abb. T_4).

Wirkungen
- Dehnung des Schulterblatthebers und des Kapuzenmuskels (= Beweglichkeit für die Halswirbelsäule)

T_4

Übung 5 Rumpf-Vorseitbeugen (A)

Im Grätschstand den Schläger mit mittelweitem Griff über den Kopf halten: Vorseitbeugen über das rechte Bein (Abb. T_5), wieder in Streckhaltung, dann Vorseitbeugen über das linke Bein mit Nachfedern oder gestretcht ausgeführt – 15× nach rechts und links.

Wirkungen
- Mobilisierung der gesamten Wirbelsäule
- Dehnung der Hüft- und unteren tiefen Rückenmuskulatur (auch um das verletzungsanfällige Iliosacralgelenk!)
- Dehnung der seitlichen und queren Bauchmuskulatur

T_5

Übung 6 Drehsitz

Im Sitzen ein Bein strecken, das andere gebeugt über das gestreckte stellen und mit der Gegenhand das Schienbein des gebeugten Beines innen greifen; die freie Hand stützt auf: Oberkörperdrehen nach rechts und links – jeweils 2× ca. 15 Sek. stretchen, dann Beinwechsel (Abb. T_6).

<u>Wirkungen</u>

- Dehnung der Halswirbel- und Schulterbereichsmuskulatur
- Dehnung der schrägen und queren Bauchmuskulatur
- Dehnung der Oberschenkelrückseite
- Dehnung der Rückenmuskulatur
- Dehnung des birnförmigen Muskels (= kann Ischias-Schmerzen verursachen – »Piriformis-Syndrom«)

T_6

Übung 7 Beinrückziehen (A)

Stand auf einem Bein, das andere am Schienbein fassen: Ziehen des gefaßten Beines nach hinten-aufwärts (Abb. T_7) – 2× ca. 15 Sek. jedes Bein stretchen.

Wirkungen
- Dehnung des vierköpfigen Schenkelstreckers (Oberschenkeloberseite)
- Dehnung des Hüftlendenmuskels (beugt die Hüfte)

T_7

Übung 8

Oberkörpervorbeugen (A)

Ein Bein gestreckt mit der Ferse auf eine Bank oder Erhöhung aufstellen, die Hände hinter dem Rücken verschränken: Vorbeugen des Oberkörpers über das aufgestellte gestreckte Bein (Abb. T_8) – 2×15 Sek. jedes Bein stretchen.

Wirkungen
- Dehnung der Muskulatur der Oberschenkelrückseite

Übung 9 Wadenstrecken (A)

In weiter Schrittstellung vor einer Wand (Ständer) oder gegen den Partner stehen: Den Oberkörper leicht vorneigen mit gleichzeitigem Rückstrecken des nach hinten gestellten gestreckten Beines in Fersenrichtung (Abb. T_9 rechts) – 2×15 Sek. für das rechte und linke Bein. Anschließend das gleiche mit rückgestelltem gebeugtem Bein (Abb. T_9 links).

Wirkungen
- Dehnung des zweiköpfigen Wadenmuskels (bei gestrecktem Bein)
- Dehnung des Schollenmuskels (= tiefer Wadenmuskel; bei gebeugtem Bein)

T_9

Übung 10

Handgelenk-strecken und -beugen

Im Kniestand die Handflächen vor dem Körper aufstützen, Fingerspitzen zeigen zum Körper (Abb. $T_{10,1}$ rechts): Die Ellenbogen zusammendrücken und mit dem Körper nach hinten schieben (Abb. $T_{10,1}$ links) – 2× ca. 15 Sek. stretchen. Anschließend ebenfalls im Kniestand den Handrücken einer Hand aufstützen, Fingerspitzen zeigen zum Körper, die andere Hand drückt unterstützend auf die gebeugte (Abb. $T_{10,2}$ rechts): Schulter nach außen rotieren (Abb. $T_{10,2}$ links) – 2× 15 Sek. stretchen.

Wirkungen
- Dehnung der Handgelenkstreck- und -beugemuskulatur

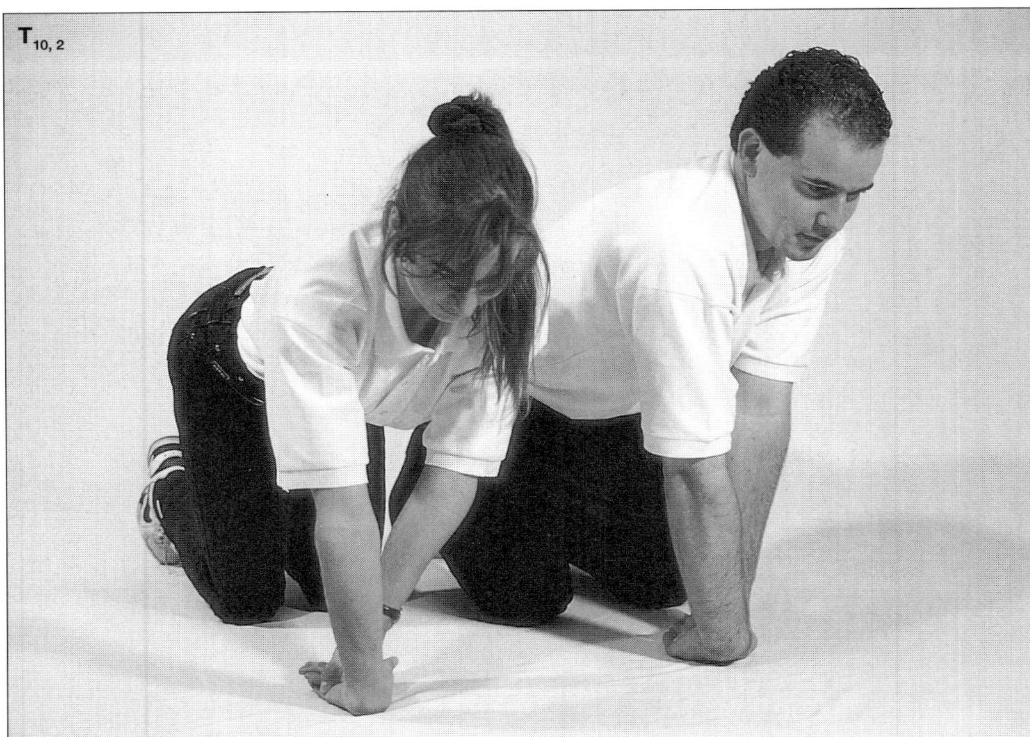

Übung 11

Beinaus- und -eindrehen (A)

Wirkungen
- Gleichgewichtsschulung
- Fußgelenkstabilisierung

Auf einem leicht gebeugten Bein stehen und das andere Bein angewinkelt heben, die Arme zur Seite haltend: Angehobenes Bein aus- und einwärtsdrehen (langsam und schnell im Wechsel) – ca. 15× hin und her (Abb. T_{11}), dann Beinwechsel. Anschließend Beine auslockern.

T_{11}

Übung 12

Beinschwingen (A)

Wie Übung 11, jedoch jetzt ein gestrecktes Bein nach links und rechts schwingen – ca. 15× hin und her (Abb. T_{12}).

Wirkungen
- Gleichgewichtsschulung
- Fußgelenkstabilisierung

T_{12}

Übung 13 Beinwechsel-belasten

Auf einem Pezzi-Ball (oder flachem Stuhl, Sofa, Bank o. ä.) sitzen und einen Schläger mit gestreckten Armen vor den Körper halten: Abwechselnd ein Bein nach vorne belasten und aufstehen – ca. 15× im Wechsel für jedes Bein (Abb. T_{13}).

Wirkungen
- Gleichgewichtsschulung
- Oberschenkel- und Fußstabilisierung

Übung 14 Körperkreisen (A)

Im Grätschstand mit leicht gebeugten Beinen einen Golfschläger quer über den Schultern mit beiden Händen fassen: Kreisen des Körpers in den Fußgelenken nach beiden Richtungen (Abb. T_{14}) – ca. 15× links und rechts herum.

Wirkungen
- Gleichgewichtsschulung
- Stabilisierung in den Fußgelenken

T_{14}

Übung 15 Rumpfdrehen 2 (A)

Im hüftbreiten Stand einen Schläger quer hinter dem Rücken unter den Armen halten: Rumpfdrehen nach rechts und links, gesteigert bis zur 90-Grad-Verwindung. Kopf bleibt dabei gerade (Abb. $T_{15,1}$), so daß jeweils die Schultern unters Kinn geführt werden. Allmählich mit bewußter Gewichtsverlagerung auf das rechte und linke Bein – ca. 30× hintereinander. Variation: Schläger auf den Schultern (Abb. $T_{15,2}$).

Wirkungen
- Mobilisierung der gesamten Wirbelsäule
- Dehnung der Hüft-, Rücken-, seitlichen und queren Bauchmuskulatur
- Gleichgewichtsschulung
- Forcierung des Gefühls der Gewichtsverlagerung (Koordination)

$T_{15,1}$

$T_{15,2}$

Übung 16 Rumpfdrehen 3 (A)

Im Grätschstand (Ansprechstellung) einen Golfschläger mit Golfgriff und angelegten Oberarmen senkrecht vor den Körper halten: Oberkörper- bzw. Rumpfdrehen nach links und rechts mit allmählich stärkerer Gewichtsbetonung auf das linke und rechte Bein; Kopf bleibt gerade bzw. wird mitgeführt (Abb. T_{16}) – ca. 15× nach rechts und links.

Wirkungen
- Mobilisierung der gesamten Wirbelsäule
- Gleichgewichtsschulung
- Forcierung des Gefühls der Gewichtsverlagerung (Koordination)

T_{16}

Übung 17 Pendelschwingen (A)

Im Grätschstand (Ansprechhaltung) einen Schläger mit Golfgriff fassen: Pendelschwingen des Schlägers, zunächst mit kleinem Ausschlag nach rechts und links, dann mit weiteren Ausschlägen und mit allmählich gesteigerter Oberkörperdrehung (bis 180 Grad) und Gewichtsverlagerungen nach rechts und links sowie aktivem Gegendruck durch Adduktorenspannung (= Muskulatur der Oberschenkelinnenseite) des jeweils belasteten Beines (Abb. $T_{17,\,1\,a\text{–}b}$) – ca. 15–30× hin und her; wenn möglich: auch »Erfühlen« der Schwunghebel (Hebel 1: Drehpunkt in der linken Schulter bei Rechtshändern; Hebel 2: Drehpunkt in der linken Hand). Erschwerung: Stand auf einem umgekehrten Bierkasten oder ähnlichem (Abb. $T_{17,\,2\,a\text{–}d}$).

<u>Wirkungen</u>

- Gleichgewichtsschulung
- Schwung-Koordinationsschulung
- Forcierung des Bewegungsempfindens

$T_{17,\,1a}$

$T_{17,\,1b}$

$T_{17, 2a}$

$T_{17, 2b}$

$T_{17, 2c}$

$T_{17, 2d}$

Übung 18 Beinwechsel-Pendel-schwingen (A)

Wie Übung 17, jedoch beim Ausholen und Durchschwingen jeweils auf das äußere Bein wechseln (Abb. T_{18}) – ca. 15–30× hin und her.

<u>Wirkungen</u>
- Gleichgewichtsschulung
- Schwung-Koordinationsschulung
- Forcierung des Bewegungsempfindens

T_{18}

Übungs-Übersicht zu einzelnen Körperregionen im direkten Zusammenhang mit einzelnen Schwungphasen

Schwungphasen	Übungen Beinarbeit	aus Programm Nr.	Seite im Buch
Von der Ansprechposition bis zum Ende des Rückschwungs	Einbeinbeugen/Strecken	S-K_1	56
	Kniebeugen	S-K_2	59
 	Beinseitabspreizen	S-K_3	62
	Beinseitanziehen	S-K_4	63
	Beinaus-/Eindrehen	T11	110
	Beinschwingen	T12	111
	Beinwechselbelasten	T13	112
	Fußgelenkseitbewegungen	S-K_{13}	76
	Rumpfdrehen 2	T15	114
	Rumpfdrehen 3	T16	115
	Pendelschwingen	T17	116
	Beinwechsel-Pendelschwingen	T18	118

Schwungphasen	Übungen Beinarbeit	aus Programm Nr.	Seite im Buch
Vom Beginn des Abschwunges über das Treffmoment bis zum Ende des Durchschwungs  	Einbeinbeugen/Strecken	S-K_1	56
	Kniebeugen	S-K_2	59
	Beinseitabspreizen	S-K_3	62
	Beinseitanziehen	S-K_4	63
	Beinaus-/Eindrehen	T11	110
	Beinschwingen	T12	111
	Beinwechselbelasten	T13	112
	Fußgelenkseitbewegungen	S-K_{13}	76
	Rumpfdrehen 2	T15	114
	Rumpfdrehen 3	T16	115
	Pendelschwingen	T17	116
	Beinwechsel-Pendelschwingen	T18	118

Schwungphasen	Übungen Hüfte-Rumpf	aus Programm Nr.	Seite im Buch
Von der Ansprechposition bis zum Ende des Rückschwungs	Situps	S-K_5	64
	Hyperextension	S-K_6	65
	Rumpfdrehen m. G.	S-K_7	66
	Rumpfseitheben	S-K_8	68
	Drehsitups	S-K_{14}	77
	Rumpfvorfedern	T1	100
	Rumpfbeugen seitwärts	T2	101
	Rumpfvorseitbeugen	T5	104
	Drehsitz	T6	105
	Rumpfdrehen 2	T15	114
	Rumpfdrehen 3	T16	115
	Pendelschwingen	T17	116
Vom Beginn des Abschwunges über das Treffmoment bis zum Ende des Durchschwungs	Situps	S-K_5	64
	Hyperextension	S-K_6	65
	Rumpfdrehen m. G.	S-K_7	66
	Rumpfseitheben	S-K_8	68
	Drehsitups	S-K_{14}	77
	Rumpfvorfedern	T1	100
	Rumpfbeugen seitwärts	T2	101
	Rumpfvorseitbeugen	T5	104
	Drehsitz	T6	105
	Rumpfdrehen 2	T15	114
	Rumpfdrehen 3	T16	115
	Pendelschwingen	T17	116

Schwungphasen	Übungen Schultern-Brust-Arme	aus Programm Nr.	Seite im Buch
Von der Ansprechposition bis zum Ende des Rückschwungs	Latziehen	$S\text{-}K_9$	69
	Einarmseitziehen	$S\text{-}K_{10}$	70
	Armüberkreuzziehen	$S\text{-}K_{11}$	72
	Handbeugen/Strecken	$S\text{-}K_{12}$	74
	Butterfly	$G2\text{-}K_9$	50
	Arm-Schulter-Rückführen	$E\text{-}K_{10}$	94
	Armstrecken	$G2\text{-}K_{10}$	51
	Nackendrücken	$G2\text{-}K_{12}$	53
	Rumpfvorfedern	T1	100
	Rumpfdrehen 1 seitwärts	T3	102
	Kopf-Seitziehen	T4	103
	Pendelschwingen	T17	116
Vom Beginn des Abschwunges über das Treffmoment bis zum Ende des Durchschwungs	Latziehen	$S\text{-}K_9$	69
	Einarmseitziehen	$S\text{-}K_{10}$	70
	Armüberkreuzziehen	$S\text{-}K_{11}$	72
	Handbeugen/Strecken	$S\text{-}K_{12}$	74
	Butterfly	$G2\text{-}K_9$	50
	Arm-Schulter-Rückführen	$E\text{-}K_{10}$	94
	Armstrecken	$G2\text{-}K_{10}$	51
	Nackendrücken	$G2\text{-}K_{12}$	53
	Rumpfvorfedern	T1	100
	Rumpfdrehen 1 seitwärts	T3	102
	Kopf-Seitziehen	T4	103
	Pendelschwingen	T17	116

Die Ausdauerprogramme für alle Jahreszeiten

Allgemeines zur Ausdauer

Unter **Ausdauer** versteht man allgemein die Fähigkeit, physisch und psychisch lange einer ermüdenden Belastung zu widerstehen und/oder sich nach physischen und psychischen Belastungen rasch zu erholen. Man unterscheidet im Sport eine Grundlagenausdauer von einer speziellen Ausdauer. Für Golfspieler ist nur erstere von großer Bedeutung, und zwar mit nachstehenden *Aufgaben:*

- Erhöhung der Belastungsverträglichkeit bei umfangreichem Belastungspensum in Training und Wettkampf (z. B. im Krafttraining und in mehrstündigen und mehrtägigen Turnieren);
- Stabilisierung der golfspezifischen Techniken und zugehöriger Konzentrationsfähigkeit durch hohe Übungs- und Wiederholungszahlen (somit hat Ausdauer eine Basisfunktion zur Entwicklung anderer Fähigkeiten und Fertigkeiten);
- Beschleunigung der Wiederherstellung nach Trainings- und Wettkampfleistungen (so auch Regenerationsaufgabe).
- Außerdem erfüllt die Ausdauer die Aufgabe der Aufrechterhaltung von Gesundheit und allgemeiner Fitneß.

Wie sollen Golfspieler Ausdauer trainieren?

Aus dem Kanon möglicher Ausdauermethoden halten wir zur Verbesserung der Grundlagenausdauer für Golfspieler die extensive (für Ausdauer-»Einsteiger«) und variable (für Fortgeschrittene) **Dauermethode** für besonders geeignet. Der Trainingsgewinn dieser Methoden ist vorrangig aus der relativ langen Belastungsdauer, in der die intensitätsabhängigen physiologischen Prozesse ziemlich konstant ablaufen, zu erwarten. Es kommt einerseits zur Ökonomisierung der Organfunktionen, andererseits zu einer Funktionserweiterung der Organsysteme. Im psychischen Bereich wird die Gewöhnung an die Arbeitsmonotonie erreicht.

Extensive (kontinuierliche) Dauermethode (für Ausdauer-»Einsteiger«)

- <u>Bewegungsformen:</u> Laufen/Joggen, Walken, Radfahren, Skilanglaufen, Schwimmen, Ergometerbewegungen
- <u>Belastungsintensität:</u> Im Bereich von ca. 60–75% der Herz-Kreislaufleistung, das entspricht etwa 2–2,5 mmol Laktat bzw. einer Herzfrequenz von ca. 135–165 (je nach Alter und Leistungsfähigkeit)
- <u>Herzfrequenz-Faustregeln:</u> für Anfänger: 160 – Lebensalter
für Fortgeschrittene: 170 – ½ Lebensalter +/– 10/Min.
- <u>Belastungsdauer</u> bei gleichmäßiger Geschwindigkeit bzw. Anstrengung: Minimum 20 Min., Maximum 60 Min. (einschließlich langsamen Einlaufens)
- <u>Trainingshäufigkeit pro Woche:</u> Zur Verbesserung der Grundlagenausdauer (in den Wintermonaten): 3–5× bzw. 2–4 Stunden insgesamt; als Regenerationsmaßnahme und zur Erhaltung der allgemeinen aeroben Kapazität während der Turnierphase: 2× bzw. 60–90 Min. insgesamt.
- <u>Trainingswirkungen:</u> Ökonomisierung der Herz-Kreislaufarbeit; Verbesse-

Programm-Vorschlag zur Verbesserung der Grundlagenausdauer mittels Laufen[1] nach der extensiven Dauermethode für Ausdauer-Untrainierte

Woche	1.-2.	3.-4.	5.-6.	7-8.	9.-10.	11.-12.	13.-14.	15.-16.	Fortsetzung
Läufe in Min	20	25	30	30	35	40	35	30	30
Pulse pro Min 14–17j.	150	150	160	160	170	170	170	170	160
18–25j.	130-140	140	140-150	150	150-160	150-160	160	160	150
Trainings-einheiten pro Woche	3	3	3	4	4	4-5	4-5	4	2-3

[1] Das Programm kann auch mit anderen Ausdauerübungen wie Radfahren, Fahrrad-/Ruderergometer u. a. durchgeführt werden. Entscheidend ist dabei immer die Einhaltung der Pulsfrequenzen.

rung der peripheren Durchblutung; Erweiterung des aeroben Stoffwechsels und Verbesserung der Fettverbrennung; Ausbildung einer Vagotonie.

Variable Dauermethode (für Fortgeschrittene)

Alle Komponenten der extensiven Dauermethode treffen hier auch zu; es ergibt sich lediglich eine Veränderung in der Variation der Bewegungsgeschwindigkeit (zwischen z. B. langsamem und zügig-schnellem Laufen) und somit in der

- Belastungsintensität: Herzfrequenzen zwischen 130 und 180 (Laktat zwischen 2,0–6 mmol)
- Trainingswirkungen: Anpassungen im Herz-Kreislauf-System und in der Skelettmuskulatur; verbesserte Umstellung zwischen rein aerober (Fettsäuren-/Glykogenverbrennung) und gemischt aerob-anaerober (aerober und laktazider Glykogenabbau) Energiebereitstellung; verbesserte Laktatkompensation und Laktatelimination in den extensiven Belastungsphasen.

Walking ist ein zügiges Gehen mit langpendelnden oder leicht angewinkelten Armen. Die mechanische Belastung auf Sehnen, Bänder und Gelenke ist beim Walking nur ca. 50% gegenüber dem Jogging (hier ca. das 2,5fache des Körpergewichtes bei jedem Jogging-Schritt).

Programm-Vorschlag zur Verbesserung der Grundlagenausdauer mittels Walking für Ausdauer-Untrainierte

Woche	1-4	5-8	9-12
Optimale Herzfrequenz[2]	60-70%	70%	70-80%
Einwalken und Auswalken je	3-4 min	3-4 min	3-4 min
Einheiten pro Woche	3-5	3-5	3-5
Tempo bei variabler Schrittlänge × 122 Schritte pro Minute	75 cm = 5,5 km/h	80 cm = 5,9 km/h	85 cm = 6,2 km/h
Strecke pro Trainingseinheit von 30 Min.	2,75 km	2,95 km	3,1 km

[2] Z.B. max. Herzfrequenz 200, 70% = 140.

Programm-Vorschlag zur Verbesserung der Grundlagenausdauer mittels Laufen nach der variablen Dauermethode für Ausdauer-Fortgeschrittene

Woche	1.-2.	3.-4.	5.-6.	7-8.	9.-10.	11.-12.	13.-14.	15.-16.
Läufe in Min	20	30	30-40	20-30	3×10 5 Min. Pausen[1]	3×10		
Pulse pro Min[2] 18–25j.	130-150	130-160	130-180	130-180	150-180	150-180	140-170	130-130
Trainings-einheiten pro Woche	3	3	3	4	3-4	3-4	3	2-3

[1] In den Pausen: Gehen, kurze Antritte, Gymnastik.
[2] 14–17jährige ca. jeweils 10–15 Pulse höher.

Programm-Vorschlag zur Verbesserung der Grundlagenausdauer mittels Walking für Ausdauer-Fortgeschrittene

Woche	1-4	5-8	9-12
Optimale Herzfrequenz[3]	70%	70–80%	80%
Einwalken und Auswalken je	3-4 min	3-4 min	3-4 min
Einheiten pro Woche	3-5	3-5	3-5
Tempo bei variabler Schrittlänge ×134 Schritte pro Minute	80 cm = 6,4 km/h	85 cm = 6,8 km/h	90 cm = 7,2 km/h
Strecke pro Trainingseinheit von 30 Min.	3,2 km	3,4 km	3,6 km

[3] z.B. max. Herzfrequenz 200, 70% = 140

Verbessern Sie Ihr Handicap!

Harvey Penick / Bud Shrake
Harvey Penick's Golf-Weisheiten
Das kleine rote Buch
Das Kultbuch für Golfer: Harvey Penick's Lehrmethoden und Erfahrungen aus 60 Jahren Golflehrer-Tätigkeit, die es Golfern jeder Spielstärke ermöglichen, ihr Spiel zu verstehen und zu verbessern.

Ulrich Kaiser
Golf Know-how von A – Z
Das erste deutschsprachige Golf-Lexikon: 1000 Namen, Fachausdrücke, ungewöhnliche Begriffe und interessante Fakten des Golfsports – stichwortartig, fundiert und äußerst unterhaltsam erklärt.

Greg Norman
Greg Norman's Golf-Lektionen
Profitieren von den Erfahrungen der Weltklasse: Kompaktkurs – von den Grundlagen bis zu schwierigen Techniken – in 100 kurzen, didaktisch hervorragend aufgebauten Lektionen, die die jeweils behandelte Spielsituation demonstrieren.

Greg Norman / George Peper
Top Golf mit Greg Norman
Das Golfbuch der Extraklasse – Greg Normans persönliche Erkenntnisse und Erfahrungen: Grundlagen und wichtige Phasen des Golfspiels, perfekte Technik, Einschätzung des eigenen Könnens, bessere Beherrschung des Spiels.

Sue Crowcroft
Kagami Golf
Der natürliche Weg zu gutem Golf
Das neue, ganzheitliche Golf-Trainingsprogramm, das auf bewußter Selbstwahrnehmung basiert, und Denkweise, Schwung sowie geistige und seelische Kondition markant verändert. Auch als Tonkassette erhältlich.

Bob Weeks
Golfparadiese der Welt
Die 60 bedeutendsten Ziele
Animation und Information für die Traumreise zu den außergewöhnlichsten Plätzen der Erde – besonders schöne, wichtige, schwierige, traditionsreiche Anlagen mit faszinierenden Farbfotos.

Im BLV Verlag finden Sie Bücher zu folgenden Themen: Garten und Zimmerpflanzen • Natur • Heimtiere • Jagd • Angeln • Pferde und Reiten • Sport und Fitneß • Tauchen • Reise • Wandern, Bergsteigen, Alpinismus • Essen und Trinken • Gesundheit, Wohlbefinden, Medizin

BLV

Wenn Sie ausführliche Informationen wünschen, schreiben Sie bitte an:
BLV Verlagsgesellschaft mbH • Postfach 40 03 20 • 80703 München
Telefon 089 / 12705-0 • Telefax 089 / 12705-543